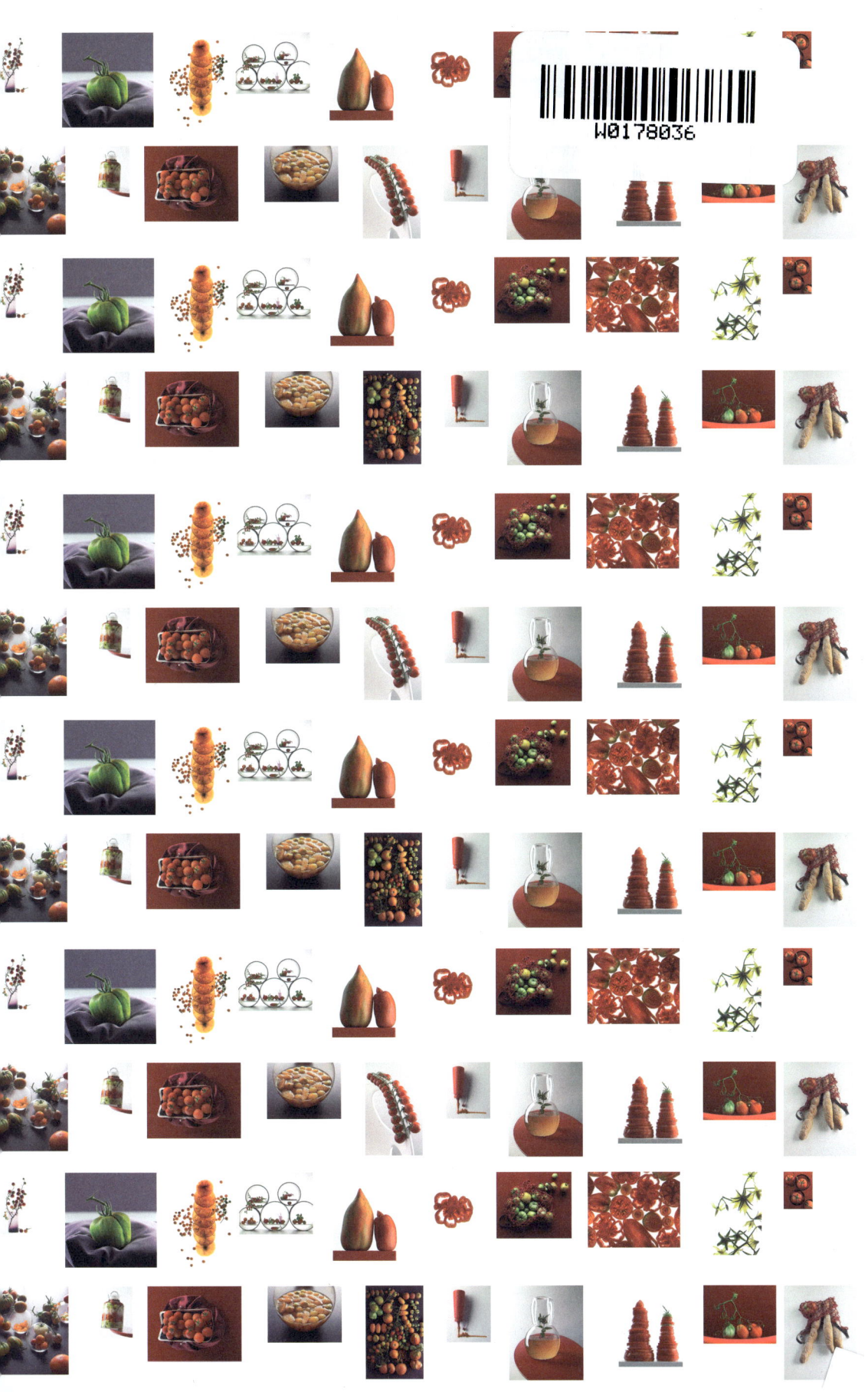

TOMATE

COLLECTION
ROLF HEYNE

TOMATE

FOTOGRAFIE VON LUZIA ELLERT
REZEPTE UND FOODSTYLING VON GABRIELE HALPER
TEXT VON ELISABETH RUCKSER

COLLECTION ROLF HEYNE

INHALT

EINLEITUNG

DIE PFLANZE DER PIONIERE

Es gibt sie in der farbenprächtigen Vielfalt tausender Sorten, und ihr Name steht seit Anbeginn (auch) für Liebe und Erotik. Und das, obwohl sich die kulinarische Begeisterung zunächst in Grenzen hielt: Als die spanischen Eroberer sie zusammen mit vielen anderen Pflanzen aus der Neuen Welt mit nach Hause brachten, hielt man die Tomate lange Zeit für giftig. Dennoch bahnte sich die schöne Beerenfrucht ihren Weg in die botanischen Gärten der Reichen und Mächtigen. Die Europäer nannten sie »Pomodoro« (Goldapfel), Paradies- oder Liebesapfel und sagten ihr aphrodisierende Kräfte nach, ja sogar, dass sie »Liebestollheit« bewirke.

Wir freuen uns heute vor allem über ihre lukullischen Verführungskünste. Und beobachten eine Entwicklung, die uns gerade in den letzten Jahren die wunderbar vielfältige Geschmackswelt der Tomate eröffnet beziehungsweise wieder zurückbringt. Das beliebte Fruchtgemüse feiert ein großes Comeback, und immer mehr Menschen sind auf der Suche nach dem »Geschmack von früher«. Nach Jahren, in denen Tomaten eher den Ruf einer Art »vierten Aggregatzustands von Wasser« innehatten, wie es eine österreichische Autorin launig formulierte, wird nun wieder Wert auf Duft, Geschmack, Vielfalt und Qualität gelegt. Die Verbraucher suchen Exemplare, die wie sonnenreif von der Staude gepflückt schmecken, und die Nachfrage vor allem nach alten Sorten steigt. Meist von kleinen, regionalen Betrieben und Produzenten oder auf dem eigenen Balkon hergestellt, sind sie aufgrund ihres unvergleichlichen Aromas gefragter denn je. Und das Spiel mit den bunten Erscheinungsformen von rot, gelb, violett bis grün gestreift erfreut Hobbygärtner wie Gourmets. Ebenso wie die Tatsache, dass sich aus ihnen so viel mehr Köstliches zubereiten lässt als Salat & Sauce ...

EIN SIEGESZUG RUND UM DIE WELT

Die beispiellose Karriere der Tomate begann in Südamerika. Ganz genau lässt sie sich zwar nicht dingfest machen, aber man geht davon aus, dass Peru, Ecuador und Bolivien das Ursprungsgebiet der Tomate sind. Hier wächst sie bis heute auch in zahlreichen wilden Formen - auch wenn sie längst die ganze Welt erobert hat. Erstmals kultiviert wurde die Tomate vermutlich in Mexiko in der Gegend um Vera Cruz. Auch ihre heute in vielen Sprachen geläufige Bezeichnung geht auf die Sprache der Azteken zurück: Abgeleitet von »tomana«, was so viel wie »anschwellen« bedeutet, wurde die Frucht »Tomatl« genannt. (Mit diesem Begriff wurden dabei sowohl Tomaten als auch verschiedene Physalisarten bezeichnet.) Apropos Namen: In den östlichen Regionen Österreichs verwendet man heute vor allem die Bezeichnung »Paradeiser«. Sie geht wohl auf den paradiesischen Namensursprung zurück, ebenso wie das ungarische »Paradicsom«.

Nach Europa gelangte die Tomate jedenfalls 1523 und galt fürs Erste hauptsächlich als schön, aber ungenießbar. Das mag an ihrem Gehalt an Solanin – jener giftigen Verbindung, die auch in den Blättern der verwandten Kartoffel enthalten ist – liegen, und der sich beim Verzehr von unreifen Früchten schon mal gesundheitsschädlich auswirken kann. Was den Spaniern aber scheinbar relativ egal war, denn hier erobert sich die Tomate schnell einen Platz als häusliche Nutzpflanze. Kein Wunder, viele heimkehrende Seefahrer hatten sie schließlich in der Neuen Welt nicht nur gesehen, sondern auch gekostet und bemerkt, dass sie weder gefährlich noch giftig war. Auch die Italiener liebten das neue Gemüse vom Fleck weg und fanden alsbald heraus, dass seine bloße Verwendung als Zierfrucht eine ziemliche Verschwendung war. So wurden Tomaten bereits in der Mitte des 16. Jahrhunderts rund um Neapel angebaut. Der italienische Apotheker und Botaniker Petrus Matthiolus beschreibt sie 1544 in seinem umfassenden Botanikbuch – ein echtes Standardwerk seiner Zeit – als »... zunächst grüne und, sobald sie reif sind, goldene Früchte«. Er empfiehlt, sie in Öl wie Pilze zu braten, und gibt der gelb-orangen Frucht den Namen »Pomo d'Oro«, goldener Apfel. (Rote Sorten waren erst etwas später bekannt.) Die Tomate breitete sich in Windeseile bis nach Indien und in den Fernen Osten aus, im gesamten mediterranen Raum gilt sie ab dem Beginn des 17. Jahrhunderts als heimisch.

In Mittel- und Nordeuropa blieb man allerdings, was ihre Genießbarkeit betrifft, noch länger skeptisch. So findet sich hier die Erwähnung der Tomate in wissenschaftlichen Werken meist nur als Zierpflanze mit dekorativem und medizinischem Nutzen. Aber ihre oft zitierte aphrodisierende Wirkung ließ sie dennoch zu einem begehrten Objekt werden, etwa für Gartenlauben, einem beliebten Treffpunkt für Verliebte. Noch anno 1770 findet sich so zum »Liebesapfel« im »Universalwörterbuch der Pflanzen, Bäume und Sträucher Frankreichs« folgende Erläuterung: »Seine Früchte gelten als giftig und betäubend, sie finden kaum Verwendung.« Knapp zehn Jahre später taucht die Tomate dann allerdings auch hierzulande erstmals in einem Saatgutkatalog als »Gemüse« auf und hält schließlich Einzug in Gastronomie und Kochbücher.

Den Weg zurück nach Nordamerika nimmt sie übrigens von Europa aus: Auswanderer dürften die Tomate einfach mitgenommen haben. Und sie fanden auch gleich berühmte Bewunderer, wie den späteren amerikanischen Präsidenten Thomas Jefferson. Er kultivierte Tomaten bereits 1781 auf seinen Plantagen im Bundesstaat Virginia.

WARUM TOMATEN SO GESUND SIND

100 g rohe Tomaten enthalten etwa 17 kcal, 0,2 g Fett, 2,9 g Kohlenhydrate, 1 g Eiweiß, 1,8 g Ballaststoffe und 0,2 g Fett. Frische, ausgereifte Früchte bestehen außerdem zu 94 Prozent aus Wasser und sind damit die ideale Basis für eine leichte Küche. Sie sind schmackhaft und ausgesprochen gesund. In den Tomaten stecken jede Menge Vitamine (B_1, B_2, B_6 und E, Folsäure sowie Vitamin C), Mineralstoffe, Fruchtsäuren und sekundäre Pflanzenstoffe. Diese wertvollen Inhaltsstoffe der Tomate stärken auf natürlichem Wege das Immunsystem und helfen damit, Abwehrkräfte gegenüber Infektionen zu mobilisieren. Eine mittelgroße Tomate kann fast 40 mg Vitamin C liefern, was etwa der Hälfte des Tagesbedarfs eines Erwachsenen entspricht.

Die Tomate enthält auch sehr viel Kalium, ein Gegengewicht zu Natrium, das wie dieses eine wichtige Rolle im Wasserhaushalt des Körpers spielt. Kalium verhindert, dass sich zu viel Wasser in den Körperzellen ansammelt, es reguliert die Wassermengen außer- und innerhalb der Zellen und wirkt blutdrucksenkend. Typische Kaliummangelerscheinungen sind weiters Schlafstörungen, Nervosität oder Kopfschmerzen.

Der Eisengehalt der Tomate ist zwar nicht besonders hoch, aber durch ihr im Gegensatz dazu reichlich vorhandenes Vitamin C kann das für die Bildung der roten Blutkörperchen wichtige Spurenelement besonders gut verwertet werden.

Ein ganz besonderes gesundheitliches Plus der roten Früchtchen ist das zu den Carotinoiden zählende Lycopin. Dieser sekundäre Pflanzenstoff kommt vor allem in kräftigen roten Tomatensorten vor. Lycopine gelten mittlerweile als echte Geheimwaffe gegen die Entstehung von Krebs und als wirksamer Schutz vor Infarkten. Lycopin ist ein »Radikalfänger« und stabilisiert unsere Zellwände. Diese bioaktiven Substanzen wurden vor allem in den letzten Jahren eingehend erforscht, seit den 1990er-Jahren gibt es dazu etwa in den USA zahlreiche groß angelegte Studien. Besonders der Verzehr von Tomatenprodukten zeigt sich dabei als wirkungsvoll, da Lycopin gut aufgenommen werden kann, wenn die Früchte möglichst stark zerkleinert und am besten auch erwärmt werden. Vor allem das Erhitzen in Verbindung mit Öl macht das Lycopin für unseren Körper leicht aufnehmbar – so betrachtet ist auch Ketchup gar keine so ungesunde Sache.

Aber die Tomate kann noch mehr: Sie verschafft uns gute Laune, und das liegt in der Hauptsache an einer Substanz namens Tyramin, die in vollreifen Tomaten reichlich enthalten ist. Tyramin hebt den Blutzuckerspiegel und sorgt für positive Stimmung. In der einschlägigen Literatur wird daher durchaus empfohlen, täglich sehr reife bis fast überreife Tomaten roh zu verzehren, wenn man unter schlechter Laune und Stimmungsschwankungen leidet.

Ebenfalls gut fürs Gemüt: Folsäure. Dieses B-Vitamin ist wichtig für die Produktion von »Glückshormonen«, es regelt den Serotoninspiegel. Besonders während der Schwangerschaft sollten Frauen ausreichend davon zu sich nehmen.

Weniger gesundheitsförderlich ist dagegen die Tatsache, dass sich in unreifen Tomaten das giftige Solanin findet. Und zwar in einer Konzentration von 9 bis 32 mg pro 100 g Frucht. Nimmt man Solanin in geringen Mengen (ab 25 mg) zu sich, spürt man lediglich ein Kratzen oder Brennen im Hals. In größeren Mengen genossen, kann es zu Übelkeit, Durchfall und Krämpfen führen, in schweren Fällen auch zu Atemnot und Bewusstlosigkeit. Eine Dosis von 400 mg ist tödlich.

In reifen Tomaten (auch in ausgereift grünen Sorten) ist Solanin vollständig abgebaut, lediglich im Stielansatz finden sich Spuren davon. Deshalb ist auch in manchen Rezepten angegeben, den Strunk zu entfernen. Aber auch Gerichte mit unreifen Tomaten können in normalen Mengen ruhig verzehrt werden, da der Solaningehalt wie beschrieben gering ist. Solanin wird übrigens durch Kochen zu rund einem Drittel abgebaut bzw. gelöst, allerdings nicht durch Tiefkühlen.

Manche Menschen meiden Tomaten wegen ihres Gehaltes an Oxalsäure. Die Oxalsäure bildet mit Kalzium nicht lösliche Salze, die zur Entstehung von Nierensteinen führen können. Der Oxalgehalt der Tomate ist allerdings mit 5,3 mg pro 100 g geringer als der von Kopfsalat (17 mg / 100 g) und daher als niedrig anzusehen. Darüber hinaus wirkt die Tomate harntreibend und blutreinigend, was die Nierentätigkeit eher erleichtert.

SO VIELE SORTEN …
ODER: 10 000-MAL GENETISCHE IDENTITÄT

Die Tomate ist eine krautige, robuste, aber sehr frostempfindliche Pflanze. In kälteren Regionen wird sie meist als einjähriges Gewächs kultiviert, in warmen Regionen kann sie sehr langlebig sein und auch mehrere Jahre hintereinander Früchte tragen. Tomaten sind botanisch gesehen eigentlich Beeren, also Früchte. Sie enthalten reichlich Fruchtsäuren und Zucker, werden allerdings kulinarisch eher wie Gemüse verwendet. In den Einteilungen der Anbaufachbücher finden sie sich daher oft unter der Bezeichnung Fruchtgemüse.

Sie gehören zur Familie der Nachtschattengewächse – zu der auch die Kartoffel, die Paprika, der Tabak, die Aubergine, die Petunie oder die Chili gehören – und zur Gattung Lycopersicon. Diese Gattung wiederum wird in neun Gruppen je nach verschiedenen Kriterien wie Farbe, Kerngröße, Struktur der Blattränder und des Stiels oder Samenanzahl unterteilt. Die Art *Lycopersicon esculentum* gilt dabei als Ursprungspflanze der meisten heute angebauten Sorten.

Die Früchte sind meist rot, können aber auch in vielen anderen Varianten von orange bis gelb und von weiß oder violett bis grün gestreift auftreten. Die zarten, rund 1,5 Zentimeter großen Blüten dagegen sind immer gelb gefärbt, und die Bestäubung erfolgt durch die eigenen Pollen jeder Blüte. Zum Beispiel durch jene Erschütterungen, die der Flügelschlag der Hummeln auslöst, jenen häufigen Besuchern der Tomatenblüten. Es kommt auch zu Fremdbestäubung, besonders leicht etwa bei Sorten, die weit aus der Blüte herausragende Griffel haben – was bei der Zucht nicht immer erwünscht ist, nämlich wenn Sorten samenecht erhalten werden sollen.

Der typische und manchmal sehr intensive Tomatengeruch geht übrigens vom Stiel und nicht von der Blüte aus. (Das ist wohl mit ein Grund, warum im Handel die Nachfrage nach Rispentomaten in den letzten Jahren so sprunghaft gestiegen ist. Nicht nur in Deutschland greifen die Verbraucher aufgrund des intensiven Geruchs gern zu den mit Stiel angebotenen Früchten. Allerdings sind es gar nicht die Früchte, die so betörend duften, sondern die grünen Rispen – was über die Qualität der einzelnen Tomaten naturgemäß relativ wenig aussagt.)

Tomaten gehören zu den am weitesten verbreiteten Kulturpflanzen der Erde und sind von großer wirtschaftlicher Relevanz. Seit tausenden Jahren werden sie kultiviert und dabei jeweils besondere Vorzüge gefördert. Menschen suchten nach besserem Geschmack oder größerem Ertrag, man wollte Sorten, die robust gegen Wetterkapriolen, Krankheiten oder Schädlinge waren. Bestehende Sorten wurden gekreuzt, neue hervorgebracht, ausgesuchtes Samenmaterial vermehrt und wieder angebaut. Eine aufwendige Angelegenheit, die Erfahrung und Wissen voraussetzte.

Spätestens seit dem Beginn der Massenproduktion zu Beginn des 20. Jahrhunderts rückten dann andere Kriterien ins Zentrum der Aufmerksamkeit, da Märkte in kälteren Regionen das ganze Jahr über mit den beliebten frischen Früchten versorgt werden wollten. Die Tomaten sollten lange haltbar sein, dabei wie frisch gepflückt aussehen und sich über weite Strecken transportieren lassen. Geschmackliche Qualität oder Erhaltung der Artenvielfalt trat – wie bei vielen Nutzpflanzen – in den Hintergrund. Vor allem der Einsatz der Gentechnik schien in der Folge ungeahnte Möglichkeiten zu eröffnen und Produkte wie die »Anti-Matsch-Tomate« wurden entwickelt. Sie war das erste genmanipulierte Gemüse, das 1994 in den USA angeboten wurde – und bei den Konsumenten gewaltig floppte. (Hauptsächlich, weil es sich als geschmacklich äußerst dürftig herausstellte.) Weitere Entwicklungen waren zum Beispiel die »Antivirus-Tomate« des Saatgutherstellers Monsanto und Ähnliches.

Viele der heute im weltweiten Erwerbsanbau verwendeten Sorten sind sogenannte »Longlife-Tomaten«. Diese Sorten können sowohl lange Zeit reif am Stock hängen als auch bis zu 20 Tage, manche sprechen sogar von bis zu sieben Wochen, gelagert werden. Geschmacklich schneiden sie allerdings meist weniger gut ab.

Das vorläufige Ende vom Lied: Wir beklagen mittlerweile einen weltweiten Rückgang der Artenvielfalt. So spricht etwa die internationale Slow-Food-Vereinigung von einem unwiederbringlichen Verlust von 75 Prozent (!) an Nutzpflanzen in den letzten 100 Jahren, ähnlich dramatisch sind die Zahlen auch bei Nutztierrassen. Vereinigungen wie »Slow Food« setzen sich daher vehement für den Erhalt dieses »Weltkulturerbes des Essens« ein – und können dabei auf steigende Nachfrage bewusster Verbraucher bauen. »Alte Sorten kommen total gut an«, weiß auch Margit Lamm, Biobäuerin und Absolventin der Universität für Bodenkultur aus Oberösterreich. Sie hat sich im Rahmen der großen Genusslandessausstellung »Mahlzeit« speziell mit dem Thema Tomaten auseinandergesetzt. Ihr Resümee: Die Menschen wollen wieder Ursprüngliches, Echtes und zwar nicht nur als fertiges Produkt gekauft, sondern auch selbst gezüchtet. »Vor allem in Zeiten von Finanzkrisen und wirtschaftlichen Unsicherheiten bauen Menschen ihr Gemüse wieder gern selbst an«, so Lamm. Privat gepflanzt wird dabei längst nicht nur in ländlichen Regionen, sondern auch in großen städtischen Ballungszentren, wo »City Gardening« der große Trend ist, manchmal sogar von der öffentlichen Hand gefördert. Schätzungen sprechen davon, dass in Deutschland mittlerweile genauso viele Tomaten daheim auf Fensterbänken und in Gärten gezogen werden wie im erwerbsmäßigen Anbau.

Ein ganz besonders spannendes Thema in dem Zusammenhang ist die Herstellung von Saatgut. Margit Lamm: »Viele Menschen wissen heute gar nicht, wie sehr wir da von internationalen Multis abhängig sind.« Saatgut wird nicht mehr von Landwirten selbst hergestellt, sondern Jahr für Jahr von wenigen großen internationalen Herstellerfirmen bezogen. Der überwiegende Teil davon in Form von sogenannten »Hybridsorten«, die nicht oder nur sehr eingeschränkt selbst vermehrungsfähig sind. (Im Gegensatz zu sogenannten »samenechten Sorten«, die seit Jahrtausenden zur

Herstellung von neuem Saatgut aus den Früchten der Pflanze herangezogen werden können.)

Die österreichische Organisation »Arche Noah« hat es sich in diesem Zusammenhang als eine der ersten in Europa zur Aufgabe gemacht, altes Saatgut und damit die Vielfalt der Kulturpflanzen zu erhalten. Im Laufe der letzten 20 Jahre wurde ein gewaltiges Archiv von Samen der verschiedensten Obst- und Gemüsesorten aufgebaut. Zahlreiche Erwerbsgärtnereien und landwirtschaftliche Betriebe arbeiten eng mit der »Arche Noah« zusammen und unterstützen durch den Anbau dieser Raritäten die Arbeit des gemeinnützigen Vereins. Alljährlich wird auch ein großer Pflanzenmarkt im niederösterreichischen Schiltern veranstaltet. Das Lieblingsgemüse Paradeiser steht dabei ganz oben auf der Wunschliste der vielen Tausend Besucher. Unglaublich viele verschiedene Sorten werden auf dem Markt angeboten, und sie werden verkauft wie die sprichwörtlichen warmen Semmeln.

Die Erhaltung der Vielfalt hat dabei weitreichende Bedeutungen, wie Obst- und Beerenexperte Bernd Kajtna der »Arche Noah« erläutert. Und das geht weit über geschmackliche Vorlieben hinaus. Nicht alles, was eine alte Sorte ist, schmeckt schließlich auch automatisch gut – und durchkosten kann sich durch die weltweit insgesamt geschätzten 10 000 Tomatensorten ja wohl auch niemand mehr. Warum also Tausende Sorten aufwendig erhalten?

Die Antwort ist einfach: »Jede Sorte«, so Experte Kajtna, »hat ihre eigene genetische Identität und gibt diese an ihre Nachkommen weiter.« Das sei vor allem für Neuzüchtungen und Kreuzungen wichtig. Etwa, wenn es darum geht, Tomaten an geänderte Klimabedingungen anzupassen oder widerstandsfähig gegen Krankheiten zu machen. Und nur durch möglichst große Vielfalt an genetischen Identitäten können auch vielfältige neue Sorten mit neuen Eigenschaften entstehen. Dabei kommen in manchen Fällen auch sogenannte »verborgene Eigenschaften« zum Tragen. Eigenschaften, die unter Umständen bei einer Pflanze gar nicht ausgeprägt sind, aber sehr wohl in der nächsten Generation auftreten können. Kajtna: »Es kann zum Beispiel sein, dass Sie zwei rote Tomatensorten kreuzen und heraus kommt eine grüne.« Allen Anforderungen kann aber natürlich nur mit den vorhandenen genetischen Informationen begegnet werden – je größer also der vorhandene Genpool, desto besser.

Die Bestrebungen, alte Sorten vor dem Aussterben zu retten, gibt es dabei vielerorts: Eine wiederentdeckte Rarität ist zum Beispiel die unter Gourmets so beliebte italienische San-Marzano-Tomate. Viel zu zart für die industrielle Massenproduktion war sie vor zwei Jahrzehnten fast ganz verschwunden. Mit Hilfe der örtlichen Regierung und Slow Food Italien gelang es quasi in letzter Minute, ihr Saatgut zu sichern, und inzwischen gibt es wieder einige Kulturen, die unter geschützter Herkunftsbezeichnung vor allem als Konserven vermarktet werden.

AB IN DIE KÜCHE

Hier befinden wir uns auf ganz und gar erfreulichem Terrain: Die Tomate ist ein echtes Küchen-Multitalent, sie verträgt fast alles und sich mit fast allem – ob sauer oder süß, bitter, würzig oder scharf. Gabriele Halper, Food-Stylistin und Autorin zahlreicher wunderbarer Rezepte, so auch für das vorliegende Buch, formuliert es so: »Ein Allround-Genie, das alles kann.« Am besten frische, sonnenreife Früchte verwenden, dann kann – fast- nichts mehr schiefgehen.

Besonders gut steht den Tomaten immer ein wenig Zucker, Süße hebt das Tomaten-Aroma zusätzlich. Eine weitere sehr harmonische Kombination sind Tomaten mit Orangenschale und Minze. Gabriele Halper: »Das passt zum Beispiel sehr gut für Saucen, die Orangenschale betont die Fruchtigkeit der Tomate noch zusätzlich.«

Tomaten verfügen auch über ein natürliches Säure-Zucker-Verhältnis, das sich besonders positiv auf viele Gerichte auswirkt. Es schafft harmonisch-aromatischen Ausgleich, gibt Saucen eine wunderschöne Farbe und bringt immer eine leichte Säure mit ins Spiel. Sind die Tomaten wirklich ausgereift, entsteht auch allein schon durch den karamellisierenden Fruchtzucker eine optimale Saucenbindung. Und apropos gut ausgereift: »Ich kann nur sagen, wer's einmal probiert hat, wird wahrscheinlich nie wieder etwas anderes verwenden. Eine Sauce aus einer sonnenreifen, üppigen Sommertomate ist eine herrliche Sache – aus einer wenn auch frischen, aber wässrigen Winterfrucht dagegen eine traurige Angelegenheit.«

Halpers Tipp daher: Wenn Tomaten gerade nicht Saison haben, lieber auf hochwertige Dosenware zurückgreifen. Oder aber im Sommer selbst einlegen – Rezepte dazu finden Sie in diesem Buch – und in der kalten Jahreszeit Selbstgemachtes aus dem Glas genießen.

Gelagert werden sollten Tomaten am besten bei Zimmertemperatur oder maximal im gemäßigten Zonenfach des Kühlschrankes. Bitte nicht direkt im Kühlschrank, da geht viel vom Aroma verloren. Interessant dabei: Gut reife Tomaten werden auch bei ungekühlter Aufbewahrung nicht faulig. Müssen sie ausnahmsweise einmal unbedingt doch in den Kühlschrank – dann vor dem Verarbeiten kurz ins Rohr oder noch besser in die pralle Sonne legen.

Aromaintensive Sorten eignen sich am besten für den frischen Genuss. Da können sich zarte Geschmäcker oder ein raffiniertes Säure-Zucker-Spiel voll entfalten. Beim Kochen würde das Aroma zum Beispiel einer zarten Ananastomate aber einfach untergehen. Zum Einkochen oder für die Saucenzubereitung passt daher eher eine kräftige, rotschalige Sorte, wie etwa die klassische Flaschen- oder Eiertomate. Da stimmt auch das Säure-Zucker-Verhältnis ganz von selbst perfekt. Gute, reife Sommertomaten sollte man, so Expertin Halper, auch lieber nicht entkernen oder schälen, denn auch dabei geht viel Geschmack verloren.

Was nicht so gut funktioniert: Tomaten tiefkühlen – da bleibt beim Auftauen nur noch Matsch übrig. Und auch der Prozess des Tomatentrocknens an der Luft ist leider nicht unbedingt für unsere Breiten geeignet, das klappt eigentlich nur wirklich gut in der sizilianischen Turbosonne. Selbst im Ofen und ohne professionelle Geräte ist es eine eher schwierige Angelegenheit für den Privatgebrauch. Die Früchte nehmen die vorhandene Luftfeuchtigkeit einfach immer wieder auf – und können daher später leicht faulig werden, wenn sie nicht wirklich durch und durch getrocknet sind.

Aber ob Salat, Sulz, Suppe, Sorbet oder Drink, ob mit Fleisch, Huhn, Fisch oder solo, ob einfach und schnell für den Familienalltag oder aufwendig und verführerisch für erlesene Gäste zubereitet: Die Tomaten-Küche erfüllt von Gesundheit bis Geschmack und von traditionell bis trendig einfach immer und in jeder Form eine Menge an hohen kulinarischen Ansprüchen. In diesem Sinne: Willkommen im Paradeiser-Paradies!

TOMATEN SELBST ZÜCHTEN

Die eigene Tomatenstaude vor der Haustüre wird immer beliebter. Vor allem alte Sorten sind frisch gepflückt ein wahres Geschmackserlebnis – und die Samen fürs nächste Anbaujahr sind all inclusive. Wer es selbst versuchen will: Die Herstellung von Samenmaterial für den Hausgebrauch lässt sich relativ leicht machen, wie die Wiener Expertin für alte Obst- und Gemüsesorten Eveline Bach erklärt. Sie hat den Großteil der in diesem Buch gezeigten Prachtexemplare in ihrer Gärtnerei kultiviert und gibt dazu folgende Tipps zur Samengewinnung:

- Die kräftigste und schönste Pflanze voll ausreifen lassen.
- Dann die Früchte aufschneiden und die Samen in einem Sieb kurz waschen.
- Schließlich auf hartem Untergrund (zum Beispiel Glas oder Porzellan) trocknen lassen und in Papiertütchen bis zur Aussaat im März luftig und trocken aufbewahren.

In der Fachliteratur wird empfohlen, die Samen vor dem Trocknen in Wasser gären zu lassen, um dadurch die Samenhülle quasi zu »knacken«. Dabei muss man aufpassen, dass die Samen ja nicht zu lang im Wasser bleiben, »und es geht auch ohne, das kann ich aus Erfahrung sagen«, so Gärtnerin Bach.

INS GLAS

T004
Kirschtomaten
mit Mandelkernen
und Nelkensirup

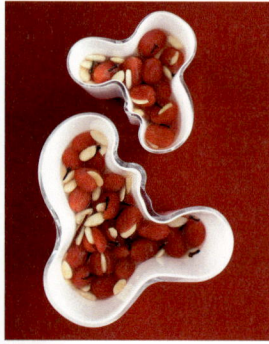

T005
Mit Zitronenthymian
gefüllte Tomaten in Olivenöl

T006
Grüne Tomaten
im süßen Pfeffersud

T007
Geeistes Avokadoparfait
mit Hummer in Chili
und Knoblauch gebraten

T028
Tomatenmarmelade
mit Anis und Fenchel

T014
Tomatensauce
»Santorini«
mit Aranzini

T011
Auberginen-Tomaten-Püree mit
gebratenem Knoblauch

INS GLAS

T001 EINGELEGTE KIRSCHTOMATEN MIT ROSMARIN

Ergibt 4 Gläser à 250 ml

1 kg Kirschtomaten

2 EL Olivenöl

Salz

4 Knoblauchzehen

2 EL Pinienkerne

2 EL schwarze Oliven (mit Stein)

2 EL frische Rosmarinnadeln

250 ml Olivenöl extra vergine zum Auffüllen

Zubereitungszeit: ca. 30 Minuten plus 5 Stunden Zeit zum Trocknen

1 Die Kirschtomaten waschen und gut trocknen lassen.

2 Die Kirschtomaten halbieren, mit der Schnittfläche nach oben auf ein mit 2 EL Olivenöl bestrichenes Backblech legen und leicht mit Salz bestreuen.

3 Den Knoblauch schälen, in dünne Scheiben schneiden, über die Kirschtomaten geben und im auf 100°C vorgeheizten Backofen etwa 5 Stunden trocknen. (Dabei die Ofentür einen Spalt offen lassen.)

4 Die getrockneten Kirschtomaten mit den Pinienkernen, den schwarzen Oliven und dem beim Trocknen ausgetretenen Saft in 4 Gläser geben, mit den Rosmarinnadeln bestreuen und mit dem restlichen Olivenöl auffüllen.

5 Die Gläser fest verschließen und die eingelegten Tomaten mindestens 3 bis 4 Tage ziehen lassen.

Die eingelegten Kirschtomaten sind ein feines Antipasto, sie passen auch zu kaltem Braten, dünn aufgeschnittenem rohem Schinken oder Salami.

T002 EINGELEGTES LAUCH-TOMATEN-GEMÜSE MIT DÖRRZWETSCHGEN

Ergibt ca. 800 ml

500 g vollreife Tomaten

2 große Lauchstangen (ca. 500 g)

200 g entsteinte getrocknete Zwetschgen

500 ml Gemüsefond

2 Zweige Rosmarin

5 EL Olivenöl extra vergine

Saft von 1 Zitrone

Salz

frisch gemahlener Pfeffer

Zubereitungszeit: ca. 70 Minuten

1 Die Tomaten am Stielansatz kreuzweise einschneiden.

2 Reichlich Wasser in einem großen Topf zum Kochen bringen. Die Tomaten darin portionsweise je 1 Minute blanchieren.

3 Die Tomaten kurz in Eiswasser abkühlen lassen, dann häuten, vierteln und entkernen.

4 Den Lauch putzen und in 3 cm große Stücke schneiden.

5 Die Tomaten, den Lauch und die Zwetschgen mit dem Gemüsefond in einen großen (am besten gusseisernen) Topf geben. Die Rosmarinzweige und das Olivenöl hinzufügen und das Gemüse bei geringer Temperatur etwa 40 bis 45 Minuten weich schmoren.

6 Das gare Gemüse mit dem Zitronensaft, Salz und Pfeffer abschmecken und heiß in saubere Einmachgläser füllen. Die Gläser fest verschließen und das Gemüse abkühlen lassen. (Im Kühlschrank hält sich das eingelegte Gemüse etwa 2 Monate.)

Das eingelegte Lauch-Tomaten-Gemüse passt gut zu gegrilltem Fleisch oder leicht erwärmt zu Schafskäse. Auch ist es eine feine Omelettefüllung.

T003 EINGELEGTE STEINPILZ-TOMATEN

Ergibt 2 Gläser à 400 ml

500 g kleine, ovale Tomaten (»Mini-Ovalis«)
500 g frische Steinpilze
2 kleine Knoblauchzehen, geschält
1 TL Meersalz
250 ml Olivenöl extra vergine
2 Zweige Rosmarin
4 EL weißer Aceto balsamico

Zubereitungszeit: ca. 1 Stunde 40 Minuten

1 Die Tomaten am Stielansatz kreuzweise einschneiden.

2 Reichlich Wasser in einem großen Topf zum Kochen bringen. Die Tomaten darin portionsweise je 1 Minute blanchieren.

3 Die Tomaten kurz in Eiswasser abkühlen lassen, dann häuten, vierteln und entkernen.

4 Die Steinpilze putzen und in etwa ½ cm breite Scheiben schneiden.

5 Die Tomatenviertel mit den Pilzen und dem Knoblauch in einen ofenfesten gusseisernen Topf geben, mit dem Meersalz bestreuen und mit dem Olivenöl übergießen.

6 Die Rosmarinnadeln von den Zweigen zupfen, zu den Tomaten geben und im auf 80°C vorgeheizten Backofen etwa 1 Stunde ziehen lassen.

7 Die Steinpilz-Tomaten-Mischung mit dem Öl in 2 saubere Einmachgläser füllen und je 2 Esslöffel Aceto balsamico zugeben. Die Gläser in einen großen Topf oder eine Fettpfanne stellen, reichlich heißes Wasser angießen, sodass die Gläser zu ¾ im Wasserbad stehen, und im auf 120°C vorgeheizten Backofen 20 Minuten sterilisieren. Die eingelegten Steinpilz-Tomaten einige Tage ziehen lassen.

Die eingelegten Steinpilz-Tomaten sind ein feines Antipasto. Auch leicht erwärmt mit Parmesan bestreut und frischem Weißbrot ergeben sie eine tolle Vorspeise.

T004 KIRSCHTOMATEN MIT MANDELKERNEN IN NELKENSIRUP

Ergibt 4 Gläser à 350 ml

1 kg feste, ovale Kirschtomaten
300 g geschälte Mandelkerne
Saft von 2 Zitronen
500 g Gelierzucker (3:1)
1 Zimtstange
5 Gewürznelken
2 Pimentkörner
fein geriebene Schale von 1 kleinen Zitrone (Bioware)

Zubereitungszeit: ca. 60 Minuten

1 Reichlich Wasser in einem Topf zum Kochen bringen. Die Tomaten darin portionsweise je 10 Sekunden blanchieren.

2 Die Tomaten aus dem Wasser nehmen, in Eiswasser abschrecken, häuten und auf Küchenkrepp abtropfen lassen.

3 Den Stielansatz der Tomaten herausschneiden. Vorsichtig die Kerne aus den Tomaten drücken.

4 Jede Tomate mit einem Mandelkern füllen. Die gefüllten Tomaten in eine Schüssel legen und mit dem Zitronensaft beträufeln.

5 Den Gelierzucker mit 750 ml Wasser, der Zimtstange, den Gewürznelken und den Pimentkörnern in einen Topf geben, aufkochen und 3 bis 4 Minuten sprudelnd kochen lassen.

6 Die Tomaten aus dem Zitronensaft nehmen, erneut auf Küchenkrepp abtropfen lassen, in den heißen Sirup legen und 6 bis 7 Minuten darin ziehen lassen.

7 Die Tomaten mit einem Schaumlöffel aus dem Sirup nehmen und in 4 Einmachgläser füllen, bis jedes Glas zu zwei Drittel gefüllt ist.

8 Die fein geriebene Zitronenschale und die restlichen Mandelkerne in den heißen Sirup geben. Den Sirup erneut aufkochen und 2 bis 3 Minuten kochen lassen.

9 Den Sirup kurz abkühlen lassen und die Zimtstange entfernen. Den Sirup über die Tomaten in den Gläsern gießen und die Gläser fest verschließen. Die eingelegten Tomaten mindestens 14 Tage ziehen lassen. Sie sind im verschlossenen Glas bis zu 1 Jahr haltbar.

Diese Tomaten passen zu griechischem Joghurt, Vanilleeis, Grießpudding oder als süße Beilage zu herzhaftem Käse.

T005 MIT ZITRONENTHYMIAN GEFÜLLTE TOMATEN IN OLIVENÖL

Ergibt 3-4 Gläser à 350 ml

12 Flaschentomaten

1 kleine rote Paprikaschote (ca. 150 g)

4 Knoblauchzehen

2 EL frische Zitronenthymianblättchen

1 TL fein geriebene Zitronenschale (Bioware)

1 EL Meersalz

750 ml Olivenöl extra vergine

Zubereitungszeit: ca. 2 Stunden

1 Die Tomaten am Stielansatz kreuzweise einschneiden.

2 Reichlich Wasser in einem großen Topf zum Kochen bringen. Die Tomaten darin portionsweise je 1 Minute blanchieren.

3 Die Tomaten aus dem Wasser nehmen, in Eiswasser abschrecken, häuten und auf Küchenkrepp abtropfen lassen.

4 Die Tomaten der Länge nach halbieren, die Hälften dabei nicht ganz trennen und aufklappen. Die aufgeklappten Tomaten auf ein mit Backpapier belegtes Backblech legen und im auf 150 °C vorgeheizten Backofen 40 Minuten braten. (Die Ränder der Tomaten sollen leicht schrumpelig werden.) Das Blech aus dem Ofen nehmen und die Tomaten vollständig abkühlen lassen.

5 Für die Füllung die Paprika putzen, halbieren, von Stielansatz, Scheidewänden und Kernen befreien und in kleine Würfel schneiden.

6 Den Knoblauch schälen und fein hacken, dann mit den Paprikawürfeln, dem Thymian, dem Zitronenabrieb und dem Meersalz vermengen.

7 Je 1 Hälfte jeder aufgeklappten Tomate mit der Füllung bestreichen, dann vorsichtig zusammenklappen. Die Tomaten bei Bedarf mit Küchengarn zusammenbinden.

8 Die Tomaten in saubere Einmachgläser füllen und diese mit dem Olivenöl auffüllen. Die Einmachgläser fest verschließen und die Tomaten mindestens 2 Tage im Kühlschrank durchziehen lassen.

Reichen Sie diese Tomaten als Vorspeise, auf einem Anti-Pasti-Teller oder als Snack mit frischem Weißbrot.

T006 GRÜNE TOMATEN IM SÜSSEN PFEFFERSUD

Für 4 Gläser à 350 ml

1 kg kleine grüne Tomaten (unreife rote Tomaten)
350 g Zucker
1 EL Szechuanpfeffer oder 4 Stück langer Pfeffer
1 Zimtstange
1 EL Pimentkörner
5 Gewürznelken
1 Stück Ingwerwurzel (ca. 2 cm), in feine Streifen geschnitten
1 TL Salz

Zubereitungszeit: ca. 70 Minuten

1. Die Tomaten waschen, auf Küchenkrepp gut abtropfen lassen, dann jede Tomate mehrmals mit einer Nadel einstechen. Die Tomaten in 4 saubere Einmachgläser füllen, bis jedes Glas zu ca. zwei Drittel gefüllt ist.
2. Für den Gewürzsud 1 l Wasser mit dem Zucker, dem Szechuanpfeffer, dem Zimt, dem Piment, den Gewürznelken und dem Ingwer in einen Topf geben und aufkochen. Den Sud bei mittlerer Temperatur etwa 10 Minuten köcheln lassen, dann das Salz hinzufügen.
3. Den heißen Sud über die Tomaten gießen, die Gläser sofort verschließen und abkühlen lassen.
4. Die Gläser in einen ofenfesten Topf stellen und diesen mit heißem Wasser füllen, sodass die Gläser zu ca. zwei Drittel im Wasser stehen. Die Gläser im auf 120°C vorgeheizten Backofen etwa 50 Minuten sterilisieren. (Bei kühler und trockener Lagerung halten sich die Tomaten etwa 3 Monate.)

Die eingelegten Tomaten passen gut zu gebratenem Rind- oder Lammfleisch, aber auch zu würzigem Käse.

T007 SCHNELLE SOMMER-PICKLES MIT TOMATEN

Ergibt 4 Gläser

350 g frische kleine Perlzwiebeln
300 g Kirschtomaten
1 große Salatgurke
1 l Reisweinessig
250 g Zucker
2 EL Salz
1½ EL schwarze Pfefferkörner

| 1 Jalapeño-Chili |
| 3 Zweige Thymian oder Rosmarin |
| 1 frisches Lorbeerblatt |
| 2–3 Fäden Safran |

Zubereitungszeit: ca. 30 Minuten

1 Die Perlzwiebeln in kochendem Salzwasser etwa 8 Minuten weich kochen, dann herausnehmen und kurz in Eiswasser abschrecken. Die Perlzwiebeln schälen und beiseitestellen.

2 Die Kirschtomaten waschen und gründlich trocknen.

3 Die Gurke schälen, längs halbieren, vom Kerngehäuse befreien und in etwa 1 cm dicke Scheiben schneiden.

4 Für die Marinade den Reisweinessig mit dem Zucker, dem Salz, den Pfefferkörnern, der Chilischote, den Thymianzweigen, dem Lorbeerblatt und dem Safran in einen großen Topf geben, dann 100 ml Wasser zugeben und aufkochen. Den Topf vom Herd nehmen und die Chilischote herausnehmen.

5 Die Perlzwiebeln, die Kirschtomaten und die Gurkenscheiben in saubere Einmachgläser füllen, mit der heißen Marinade übergießen und die Gläser fest verschließen.

6 Die Pickles abkühlen lassen und bis zum Verzehr im Kühlschrank aufbewahren, wo sie sich 2 Wochen halten.

Die Sommer-Pickles passen zu Gegrilltem und zu kaltem Braten.

T008 TOMATENSIRUP MIT CHILI

Ergibt ca. 1 l

| 2 kg vollreife Fleisch- oder Flaschentomaten |
| 300 g Gelierzucker (3:1) |
| 3 Zitronen |
| 20 g Basilikumblätter |
| 20 g gezupfte Minzeblättchen |
| 2 Chilischoten |

Zubereitungszeit: ca. 45 Minuten plus Abtropfzeit

1 Die Tomaten waschen, vierteln, von den Stielansätzen befreien und portionsweise im Mixer zu einem feinen Püree verarbeiten.

2 Ein großes Sieb mit einem sauberen Geschirrtuch auslegen und das Sieb auf eine dazu passende große Schüssel stellen. Das Püree hineingeben und 6 bis 7 Stunden (noch besser über Nacht) abtropfen lassen.

3 Den so entstandenen klaren Saft (Tomatenwasser, es sind ca. 1½ Liter) in einen hohen Topf geben und um die Hälfte reduzieren.

4 Den Topf vom Herd nehmen. Den Gelierzucker mit einem Schneebesen zügig in die Reduktion rühren. Dann den Saft der Zitronen, das Basilikum und die Minze sowie die Chilis hinzufügen. Den Topf wieder auf den Herd stellen und den Sirup etwa 3 Minuten wallend kochen lassen.

5 Den heißen Sirup durch ein Sieb in Flaschen füllen und diese gut verschließen. Der Sirup ist bei kühler und trockener Lagerung ca. 3 Monate haltbar.

Der Sirup eignet sich als Basis für Bowlen (z.B. Himbeer-Melonen-Bowle) oder als Prosecco-Spritz: 1-2 EL Tomatensirup mit 1-2 Blatt Basilikum oder Zitronenmelisse in ein Sektglas geben und mit gut gekühltem Prosecco oder Cava auffüllen.

T009 EINFACHE TOMATENSAUCE

Ergibt ca. 750 ml

1½ kg vollreife Fleischtomaten

5 Knoblauchzehen

6 EL fruchtiges Olivenöl extra vergine

2 EL Kristallzucker

2 TL Salz

Zubereitungszeit: ca. 40 Minuten

1 Die Tomaten waschen, halbieren, vom Strunk befreien und in kleine Würfel schneiden.

2 Den Knoblauch schälen und fein hacken.

3 Das Olivenöl in einem großen Topf erhitzen und den Knoblauch darin kurz anschwitzen, dann den Zucker und die Tomatenwürfel zugeben und die Sauce kräftig aufkochen.

4 Die Herdtemperatur reduzieren und die Tomatensauce 20 bis 25 Minuten leicht köchelnd eindicken lassen, dann mit Salz abschmecken. (Wer eine besonders feine Sauce haben möchte, passiert die Sauce durch ein Sieb.)

5 Die fertige Tomatensauce abkühlen lassen. Sie hält sich in einem luftdicht verschlossenen Gefäß im Kühlschrank 3 Tage, im Gefrierfach 3 Monate.

Diese einfache Sauce eignet sich bestens als Pizzabelag und als Basis für diverse Pastagerichte.
Kochen Sie die Sauce mit 2 Gewürznelken und 3 Pimentkörnern oder 1 Lorbeerblatt und einigen Pfefferkörnern.
Schmecken Sie die fertige Sauce mit gehackten Kapern oder Sardellen oder mit etwas frisch geriebener Orangenschale sowie frischen Kräutern (zum Beispiel Basilikum oder Minze) ab.

Ergibt etwa 850 ml

2 kg vollreife Fleischtomaten
2 große weiße Gemüsezwiebeln
2 Knoblauchzehen
4 EL Olivenöl extra vergine
3 EL Kristallzucker
250 ml trockener Weißwein
5 Zweige Oregano
1 daumengroßes Stück Zitronenschale
250 ml kalt gepresstes Olivenöl zusätzlich
Salz
frisch gemahlener Pfeffer

Zubereitungszeit: ca. 75 Minuten

1 Die Tomaten am Stielansatz kreuzweise einschneiden.

2 Reichlich Wasser in einem großen Topf zum Kochen bringen. Die Tomaten darin portionsweise je 1 Minute blanchieren.

3 Die Tomaten aus dem Wasser nehmen, in Eiswasser abschrecken, häuten, halbieren, entkernen und grob hacken.

4 Die Zwiebeln und den Knoblauch schälen und grob hacken.

5 Die 4 EL Olivenöl in einem kleinen Topf bei mittlerer Temperatur erhitzen und mit dem Zucker hellbraun karamellisieren. Die Zwiebeln und den Knoblauch darin anschwitzen, dann mit dem Weißwein ablöschen, die Tomaten, den Oregano und die Zitronenschale hinzufügen und alles bei mittlerer Temperatur 40 bis 50 Minuten zu einer dicken Sauce einkochen.

6 Den Topf vom Herd nehmen, die Kräuter und die Zitronenschale entfernen. Das Olivenöl langsam und gründlich in die Sauce rühren. Die Sauce mit Salz und Pfeffer abschmecken.

7 Die Sauce heiß in saubere Einmachgläser füllen und abkühlen lassen, dann kühl lagern.

Wenn Sie die Sauce haltbar machen wollen, sterilisieren Sie die Gläser 30 Minuten im heißen Wasserbad im auf 120 °C vorgeheizten Backofen. Dann kann die Sauce auch bei Zimmertemperatur gelagert werden.
Diese Sauce eignet sich wegen ihrer dickeren Konsistenz als schnell zubereitete Pastasauce oder als Bruschettabelag, den Sie mit zerdrückten Sardellenfilets, Chili oder geriebenem Manchego verfeinern können.

Ergibt ca. 450 ml

1 Melanzani (Aubergine, ca. 400 g)
2 Fleischtomaten (ca. 500 g)
5 Knoblauchzehen
5 EL Olivenöl extra vergine
4 EL fein gehackte Blattpetersilie
Saft von 1 Zitrone
Meersalz
frisch gemahlener Pfeffer

Zubereitungszeit: ca. 90 Minuten

1 Die Aubergine mehrmals mit einer Gabel einstechen, dann mit etwas Salz einreiben, in Alufolie wickeln und im auf 200 °C vorgeheizten Backofen (Ober-/Unterhitze) etwa 40 bis 50 Minuten weich garen. Die weiche Aubergine aus dem Ofen nehmen, die Alufolie entfernen und die Aubergine abkühlen lassen.

2 Die Tomaten waschen, halbieren, vom Stielansatz befreien und in kleine Würfel schneiden.

3 Den Knoblauch schälen und in feine Scheiben schneiden.

4 Das Olivenöl in einem Topf erhitzen und den Knoblauch darin hellbraun anbraten, dann die Tomatenwürfel hinzufügen und so lange köcheln lassen, bis alle Flüssigkeit verkocht ist. Den Topf vom Herd nehmen.

5 Die gare Aubergine aus der Folie nehmen und halbieren. Das Fruchtfleisch mit einem Löffel auslösen und grob hacken.

6 Das Auberginenfleisch mit den gekochten Tomaten vermengen, dann die Petersilie und den Zitronensaft hineinrühren. Das Püree mit Salz und Pfeffer abschmecken.

7 Das Püree in saubere Einmachgläser füllen und 3 bis 4 Tage ziehen lassen.

Sterilisieren Sie die Gläser 30 Minuten im heißen Wasserbad im auf 120 °C vorgeheizten Backofen. Dann kann die Sauce auch bei Zimmertemperatur gelagert werden.
Dieses Püree ergibt eine tolle Pastasauce, einen Aufstrich für getoastetes Weißbrot oder einen Begleiter für weichen Käse.

T012 PAPRIKA-TOMATEN-SAUCE MIT VANILLEAROMA

Ergibt ca. 1 l

1 kg vollreife Fleisch- oder Flaschentomaten

2 große rote Paprikaschoten (ca. 350 g)

4 Schalotten

4 Knoblauchzehen

125 ml Olivenöl extra vergine

2 Zweige Thymian

1 Zweig Rosmarin

1 Vanilleschote

1 Chilischote

500 ml Gemüse- oder Hühnerfond

Salz

frisch gemahlener Pfeffer

Zubereitungszeit: ca. 60-70 Minuten

1 Die Tomaten waschen, halbieren, vom Stielansatz befreien und grob hacken.

2 Die Paprika putzen, halbieren, von Stielansatz, Scheidewänden und Kernen befreien und in kleine Würfel schneiden.

3 Die Schalotten schälen und in kleine Würfel schneiden.

4 Den Knoblauch schälen und fein würfeln.

5 Das Olivenöl in einem Topf erhitzen. Die Schalotten und den Knoblauch darin kurz anschwitzen, dann die Paprika hinzufügen und 3 bis 4 Minuten mitschwitzen.

6 Die Tomaten, den Thymian, den Rosmarin, die ganze Vanilleschote und die ganze Chilischote hinzufügen und aufkochen, dann mit dem Gemüsefond aufgießen.

7 Die Sauce bei niedriger Temperatur etwa 40 Minuten köcheln lassen, dabei gelegentlich umrühren. Die Sauce dann durch ein Sieb streichen, nochmals erhitzen, mit Salz und Pfeffer abschmecken und heiß in saubere Einmachgläser füllen. Die Einmachgläser fest verschließen. Die Sauce ist im Kühlschrank ca. 3 Monate haltbar.

Diese Sauce ist eine gute Basis für diverse Schmorgerichte oder kräftige Suppen, zum Beispiel eine Bouillabaisse.
Bereiten Sie die Sauce mit 250 ml Fond und 250 ml kräftigem Rotwein zu - eine feine Variante!

T013 TOMATEN-WÜRZSAUCE MIT CHILI UND BALSAMICO

Ergibt ca. 500 ml

1 kg vollreife Tomaten
6 EL Olivenöl
Salz
1 Zwiebel (ca. 100 g)
4 rote Chilischoten
3 EL brauner Rohrzucker
125 ml milder Aceto balsamico

Zubereitungszeit: ca. 70 Minuten

1 Die Tomaten vierteln, mit den Schnittflächen nach oben auf ein mit Backpapier bedecktes Backblech legen, mit 3 EL Olivenöl beträufeln und mit Salz bestreuen.

2 Die Tomaten im auf 200 °C vorgeheizten Backofen (Ober-/ Unterhitze) etwa 30 Minuten braten, dann aus dem Ofen nehmen, abkühlen lassen, grob hacken und mit dem beim Braten entstandenen Saft in einen Topf geben.

3 Die Zwiebel schälen und in feine Würfel schneiden.

4 Die Chilischoten längs aufschlitzen, von den Samen befreien und fein hacken.

5 Das restliche Olivenöl in einer Pfanne erhitzen. Die Zwiebel und den Chili darin farblos anschwitzen, dann mit dem Zucker bestreuen.

6 Die Tomaten zu den Zwiebeln in die Pfanne geben und mit dem Aceto balsamico ablöschen. Die Sauce bei geringer Temperatur 20 Minuten leicht köchelnd reduzieren. Die Sauce mit Salz abschmecken.

7 Die heiße Sauce in saubere Einmachgläser oder Flaschen füllen und diese fest verschließen. Die Sauce vor dem Verzehr 2 bis 3 Tage durchziehen lassen. Die Sauce ist im Kühlschrank ca. 3 Monate haltbar.

Diese Sauce passt zu kurz gebratenem Fleisch, Bratwürsten oder kaltem Braten (z.B. Roastbeef).

T014 TOMATENSAUCE »SANTORINI« MIT ARANZINI

Ergibt ca. 1 l

1½ kg vollreife Fleisch- oder Flaschentomaten
250 ml frisch gepresster Orangensaft
2 Gemüsezwiebeln (ca. 180 g)
4 Knoblauchzehen
2 EL brauner Rohrzucker
2 Lorbeerblätter
1 kleine Zimtstange

50 g Aranzini (Orangeat)
65 ml Olivenöl extra vergine
Salz
frisch gemahlener Pfeffer
Olivenöl extra vergine zum Auffüllen

Zubereitungszeit: ca. 75 Minuten

1 Die Tomaten am Stielansatz kreuzweise einschneiden.
2 Reichlich Wasser in einem großen Topf zum Kochen bringen. Die Tomaten darin portionsweise je 1 Minute blanchieren.
3 Die Tomaten aus dem Wasser nehmen, in Eiswasser abschrecken, dann häuten, halbieren, entkernen und grob schneiden.
4 Die Tomaten mit dem Orangensaft in einen großen Topf geben und bei geringer Temperatur etwa 20 Minuten köcheln lassen. Dabei immer wieder den sich bildenden Schaum abschöpfen.
5 Die Zwiebeln und den Knoblauch schälen und grob hacken.
6 Die Zwiebeln und den Knoblauch mit dem Zucker, den Lorbeerblättern und der Zimtstange zu den Tomaten in den Topf geben und köcheln lassen, bis die Zwiebeln weich sind und zerfallen. Den Topf dann vom Herd nehmen und die Lorbeerblätter und die Zimtstange entfernen.
7 Die Aranzini fein hacken, mit dem Olivenöl verrühren und in die Tomatensauce rühren. Die Sauce mit Salz und Pfeffer abschmecken.
8 Die heiße Sauce in saubere Einmachgläser füllen, mit je 1 EL Olivenöl bedecken und die Gläser fest verschließen. Die Sauce ist bei kühler Lagerung ca. 3 Monate haltbar.

Diese Sauce passt zu Pasta, Lamm und Geflügel, aber auch leicht erwärmt zu mildem griechischen Schafskäse.

T015 SAUCE BOLOGNESE

Ergibt ca. 1–1,5 l

1 große Zwiebel (ca. 150 g)
2 Stangen Staudensellerie
1 Karotte (ca. 150 g)
125 ml Olivenöl extra vergine
800 g faschiertes (durchgedrehtes) Kalbfleisch (von der Schulter oder Wade)
3 EL dick eingekochtes Tomatenpüree oder Tomatenmark
5 Knoblauchzehen, fein gehackt
1 TL getrockneter Thymian
1 TL getrockneter Rosmarin
1 frisches Lorbeerblatt
750 ml Gemüse- oder Kalbsfond

T016

1 kg vollreife Fleischtomaten
Salz
frisch gemahlener Pfeffer

Zubereitungszeit: ca. 2 Stunden

1 Die Zwiebel schälen und in kleine Würfel schneiden.
2 Den Staudensellerie waschen, von den Fäden befreien und in feine Scheiben schneiden.
3 Die Karotte putzen und in kleine Würfel schneiden.
4 Das Olivenöl in einem großen Topf erhitzen und die Zwiebeln darin glasig schwitzen. Dann den Staudensellerie und die Karotten hinzugeben und 5 bis 6 Minuten mitschwitzen.
5 Das Kalbsfaschierte zu dem Gemüse in den Topf geben, verteilen und 10 Minuten anbraten. Dabei hin und wieder umrühren.
6 Das Tomatenmark hineinrühren, dann den Knoblauch, den Thymian, den Rosmarin und das Lorbeerblatt hinzufügen, gut umrühren und mit dem Gemüsefond auffüllen. Die Sauce bei geringer Temperatur 30 Minuten köcheln lassen.
7 Die Tomaten waschen, halbieren, vom Stielansatz befreien und klein würfeln. Die Tomatenwürfel in die Sauce rühren. Die Sauce mit Salz und Pfeffer abschmecken und weitere 30 bis 40 Minuten köcheln lassen.
8 Die heiße Sauce in saubere Einmachgläser füllen und diese fest verschließen. Die Gläser in einen großen Topf oder eine Fettpfanne stellen, heißes Wasser angießen, sodass die Gläser zu ¾ im Wasserbad stehen, und im auf 120°C vorgeheizten Backofen 20 Minuten sterilisieren. Die Sauce Bolognese ist bei kühler Lagerung ca. 3 Monate haltbar.

Die Sauce passt zu diversen Teigwaren und eignet sich zum Füllen von Gemüse oder Lasagne.

T016 TOMATEN »PASSATA«

Ergibt ca. 850 ml Sauce

2 kg vollreife Fleischtomaten oder vollreife fleischige gelbe Tomaten
2 EL Kristallzucker (bei gelben Tomaten 1 EL Kristallzucker)
Salz

Zubereitungszeit: ca. 60-90 Minuten

1 Die Tomaten am Stielansatz kreuzweise einschneiden.
2 Reichlich Wasser in einem großen Topf zum Kochen bringen. Die Tomaten darin portionsweise je 1 Minute blanchieren.
3 Die Tomaten aus dem Wasser nehmen, in Eiswasser abschrecken, dann häuten, halbieren, vom Stielansatz befreien, entkernen und klein würfeln.

4   Die Tomatenwürfel mit dem Zucker in einen Topf geben und bei geringer Temperatur leicht köchelnd um die Hälfte reduzieren.

5   Die Tomatensauce in der »Flotten Lotte« oder durch ein grobes Sieb passieren, dann erneut aufkochen und leicht salzen.

6   Die Tomatensauce in saubere Einmachgläser füllen und diese fest verschließen. Die Gläser in einen großen Topf oder eine Fettpfanne stellen, reichlich heißes Wasser angießen, sodass die Gläser zu ¾ im Wasserbad stehen, und im auf 120°C vorgeheizten Backofen 20 Minuten sterilisieren. (Alternativ die Tomatensauce in Plastikgefäße füllen und einfrieren.)

Die Tomaten-Passata ist eine gute Basis für Suppen, Pastasaucen und Schmorgerichte.
Wenn Sie die Tomaten-Passata mit gelben Tomaten zubereiten, würzen Sie sie zusätzlich mit etwas frisch geriebener Zitronenschale und frisch gepresstem Zitronensaft.

T017 OFENGETROCKNETE KRÄUTERTOMATEN

Zutaten für 4 Personen

12 ovale Tomaten
3 Knoblauchzehen
4 EL Meersalz
1 Bund Thymian
20 Zweige Rosmarin
5 EL Olivenöl extra vergine, plus 200 ml Olivenöl extra vergine zum Auffüllen der Gläser

Zubereitungszeit: ca. 15 Minuten plus 12 Stunden Zeit zum Trocknen

1   Die Tomaten waschen und längs halbieren.

2   Den Knoblauch schälen und in feine Scheiben schneiden.

3   Eine große Bratform oder ein großes, tiefes Backblech mit Backpapier auslegen. Die Tomaten mit der Schnittfläche nach oben darauf verteilen. Die Schnittflächen mit dem Salz bestreuen, dann die Knoblauchscheiben, den unzerkleinerten Thymian und die Rosmarinzweige darübergeben. Dann alles mit dem Olivenöl beträufeln.

4   Die Tomaten in den Backofen geben und bei 60°C 12 Stunden (am besten über Nacht) trocknen lassen.

5   Die getrockneten Tomaten in ein sauberes Glas füllen und mit Olivenöl übergießen. Die Tomaten bis zum Verzehr im Kühlschrank aufbewahren oder gleich als Pizzabelag, für Pastasaucen oder Pesto verwenden. Auch klein geschnitten im frischen Tomatensalat schmecken sie toll.

Das Trocknen intensiviert den Tomatengeschmack – die getrockneten Tomaten eignen sich daher bestens zum Würzen von Tomatengerichten.

T018 SCHARFE TOMATENPASTE

Ergibt ca. 400 ml

5 vollreife Tomaten (ca. 500 g)
1 kleine Zwiebel
80 g getrocknete Marillen (Aprikosen)
5 getrocknete Chilischoten
½ TL Anissamen
125 ml Olivenöl extra vergine
Salz
frisch gemahlener Pfeffer

Zubereitungszeit: ca. 30 Minuten plus 5 Stunden Ruhezeit

1 Die Tomaten am Stielansatz kreuzweise einschneiden.

2 Reichlich Wasser in einem großen Topf zum Kochen bringen. Die Tomaten darin portionsweise je 1 Minute blanchieren.

3 Die Tomaten aus dem Wasser nehmen, in Eiswasser abschrecken, dann häuten, halbieren, entkernen und in kleine Würfel schneiden.

4 Die Zwiebel in kleine Würfel schneiden.

5 Die Marillen fein hacken.

6 Die Chilischoten grob hacken.

7 Die Chilis, die Tomaten, die Zwiebeln, die Marillen und die Anissamen in eine Schüssel geben und mit dem Olivenöl vermengen. Die Schüssel abdecken und die Mischung 4 bis 5 Stunden ziehen lassen.

8 Die marinierte Mischung in einen Topf geben und bei geringer Temperatur etwa 20 bis 30 Minuten köcheln lassen. Dabei öfter umrühren. Den Topf dann vom Herd nehmen und die Tomatenmischung abkühlen lassen.

9 Die Tomatenmischung mit dem Stabmixer fein pürieren und mit Salz und Pfeffer abschmecken. Die Paste in kleine Gläser füllen und bis zur Verwendung im Kühlschrank aufbewahren.

Die scharfe Tomatenpaste eignet sich zum Würzen von Schmorgerichten. Mit Joghurt verrührt ergibt sie eine scharfe Fondue- oder Grillsauce.

T019 TOMATENÖL

Ergibt ca. 750 ml

4 große vollreife Fleischtomaten (ca. 500 g)
2 Schalotten
2 Knoblauchzehen
½ kleine Fenchelknolle (ca. 100 g)
270 ml Olivenöl extra vergine
2 frische Lorbeerblätter

1 TL Salz
2 EL gehackter Oregano
2 EL grob gezupftes Basilikum

Zubereitungszeit: ca. 40 Minuten

1 Die Tomaten waschen, halbieren, von den Stielansätzen befreien, entkernen und fein würfeln.

2 Die Schalotten und den Knoblauch schälen und fein hacken.

3 Den Fenchel putzen und in kleine Würfel schneiden.

4 2 EL des Olivenöls (etwa 20 ml) in einem Topf erhitzen. Die Schalotten, den Knoblauch und den Fenchel darin anschwitzen, dann die Tomaten und die Lorbeerblätter hinzufügen. Den Topf abdecken und die Mischung etwa 15 Minuten schmoren. Dabei immer wieder den entstehenden Schaum abnehmen.

5 Das restliche Olivenöl (250 ml) langsam hineinrühren und die Mischung bei geringer Temperatur weitere 15 Minuten köcheln lassen. Dann den Topf vom Herd nehmen, das Gemisch salzen und den Oregano und das Basilikum hineinrühren. Den Topf abdecken und das Tomatenöl abkühlen lassen. Das Tomatenöl dann durch ein Sieb in eine Flasche füllen und bis zum Gebrauch im Kühlschrank aufbewahren. Vor dem Gebrauch gut schütteln, denn das Öl setzt sich oben ab. (Wer ein klares Öl haben möchte, streicht es durch ein Küchentuch.)

Das Tomatenöl passt zu Frischkäse und Pasta, ergibt eine gute Salat-marinade und eignet sich bestens zum Verfeinern von gegrilltem Fisch und Meeresfrüchten.

T020 ROSINEN-TOMATEN-CHUTNEY

Ergibt ca. 250 ml

8 vollreife Strauchtomaten (ca. 600 g)
2 EL Sonnenblumenöl
½ TL Senfsamen
2 grüne Chilischoten
½ TL Kreuzkümmelsamen
2 EL brauner Rohrzucker
80 g große Rosinen
Salz

Zubereitungszeit: ca. 30-40 Minuten

1 Die Tomaten am Stielansatz kreuzweise einschneiden.
2 Reichlich Wasser in einem großen Topf zum Kochen bringen. Die Tomaten darin portionsweise je 1 Minute blanchieren.
3 Die Tomaten aus dem Wasser nehmen, in Eiswasser abschrecken, dann häuten, halbieren, entkernen und fein würfeln.
4 Das Sonnenblumenöl in einem Topf erhitzen, die Senfsamen hineinstreuen und so lange rösten, bis die Samen platzen.
5 Die Chilischoten längs aufschlitzen, entkernen und fein hacken.
6 Den Chili, den Kreuzkümmel, den Zucker und die Rosinen zu den Senfkörnern in den Topf geben und kurz mitrösten.
7 Die Tomaten hinzufügen und so lange köcheln, bis eine dicke Sauce entstanden ist, dann mit Salz abschmecken.
8 Das Chutney in kleine, saubere Einmachgläser füllen und diese fest verschließen. Das Chutney ist bei kühler Lagerung ca. 3 Monate haltbar.

Das Chutney passt zu gegrilltem Fleisch, kräftigem Blauschimmelkäse und zu indischen Gerichten.

T021 TOMATEN-BOSKOP-CHUTNEY

Ergibt ca. 600 ml

600 g vollreife Strauchtomaten
2 große weiße Gemüsezwiebeln
150 g Staudensellerie
2 Äpfel (z.B. Boskop)
5 EL Kristallzucker
2 TL fein geriebener Ingwer
Salz
Cayennepfeffer

Zubereitungszeit: 30-40 Minuten plus 1 Stunde Abtropfzeit

1 Die Tomaten vierteln, entkernen, salzen, in ein Sieb geben und 1 Stunde abtropfen lassen.
2 Die Zwiebeln schälen und in feine Würfel schneiden.
3 Den Staudensellerie putzen, von den Fäden befreien und klein schneiden.
4 Die Äpfel schälen und grob raspeln.
5 Die Tomaten, die Zwiebeln, den Staudensellerie und die Äpfel in einen Topf geben, mit dem Zucker bestreuen und bei geringer Temperatur zu einem dicken Chutney köcheln. Dabei öfters umrühren.
6 Den Ingwer in das Tomatenchutney rühren, dann mit Salz und Cayennepfeffer abschmecken.

7 Das heiße Chutney in kleine, saubere Einmachgläser füllen und diese fest verschließen. Das Chutney vor dem Verzehr mindestens 3 bis 4 Tage durchziehen lassen. Das Chutney ist bei kühler Lagerung ca. 3 Monate haltbar.

Das Chutney passt zu gebratenem oder gegrilltem Fleisch und zu würzigem Käse oder Pasteten.

T022 TOMATEN-MANGO-GEWÜRZ-SAUCE

Ergibt ca. 800 ml

1 kg vollreife Tomaten (z.B. Fleisch- oder Flaschentomaten)
2 vollreife Mangos (ca. 700 g)
200 g Mascobado-Zucker oder anderer brauner Rohrzucker
2 Chilischoten, fein gehackt
2 EL Currypulver
Salz

Zubereitungszeit: ca. 1,5-2 Stunden

1 Die Tomaten vierteln, mit den Schnittflächen nach oben auf ein mit Backpapier bedecktes Backblech legen und leicht salzen.

2 Die Tomaten im auf 180 °C vorgeheizten Backofen etwa 1 Stunde antrocknen lassen.

3 Die Mangos schälen, das Fruchtfleisch vom Kern lösen und in kleine Würfel schneiden.

4 Den Zucker mit 125 ml Wasser in einen Topf geben, aufkochen und so leicht karamellisieren.

5 Die Tomaten und die Mango hinzufügen, die Temperatur reduzieren und die Mischung dick einkochen. Dann die Chilis und das Currypulver hinzufügen, die Mischung salzen und mit dem Stabmixer fein pürieren.

6 Die heiße Sauce mithilfe eines Trichters in saubere Fläschchen füllen, diese verschließen und die Sauce 1 bis 2 Tage durchziehen lassen. Die Sauce ist bei kühler Lagerung ca. 2 Monate haltbar.

Diese Sauce passt gut zu gegrilltem Huhn oder Lamm, eignet sich aber auch als Würzsauce für schnelle Currygerichte.

T023 ANANAS-TOMATEN-GRILLSAUCE

Ergibt 2 Gläser à 400 ml

500 g Tomaten, geschält und halbiert

2 Scheiben Ananas (je ca. 15 cm Durchmesser und 12 mm dick)

3 frische Chilischoten

1 Knoblauchzehe

½ TL Salz

1 EL Honig

4 EL gehacktes Koriandergrün

frisch gemahlener Pfeffer

Zubereitungszeit: ca. 20 Minuten

1 Die Tomaten, die Ananas und die Chilischoten im auf 250°C vorgeheizten Backofen (Umluft) etwa 4 Minuten grillen, bis sie dunkel werden, dabei einmal wenden. Dann aus dem Ofen nehmen und beiseitestellen.

2 Den Knoblauch und das Salz im Mörser zu einer groben Paste zerdrücken.

3 Die Knoblauchpaste mit den Tomaten, den Chilis und dem Honig in der Küchenmaschine zu einer groben Paste verarbeiten. Die Paste in eine Schüssel geben.

4 Die Ananasscheiben würfeln und mit dem Koriandergrün zu der Tomatenpaste geben und vermengen. Die Sauce bei Bedarf mit Salz und Pfeffer abschmecken.

5 Die Grillsauce in sterile Einmachgläser füllen, diese sofort verschließen und die Sauce abkühlen lassen. Im Kühlschrank hält sich die Sauce bis zu 2 Wochen.

Die Ananas-Tomaten-Sauce passt zu gegrilltem oder gebratenem Lamm und Geflügel. Auch zum Würzen von Geflügelcurrys ist sie bestens geeignet.

T024 SALSA AUS GERÖSTETEN TOMATEN UND CHIPOTLE-CHILI

Ergibt ca. 3 Tassen

3 getrocknete Chipotle-Chilis (geräucherte Chilis)

4 große Strauchtomaten

1 große weiße Gemüsezwiebel

1 Bund Koriandergrün

250 ml Sonnenblumenöl

1 TL Salz

Zubereitungszeit: ca. 20-30 Minuten

1 Die Chipotle-Chilis in einen kleinen Topf geben, mit kochendem Wasser übergießen, den Topf abdecken und die Chilis etwa 15 Minuten einweichen, dann die Stiele entfernen.

2 Die Tomaten waschen, halbieren, mit der Schnittfläche nach unten auf ein mit Backpapier belegtes Backblech setzen und im auf 250°C vorgeheizten Backofen (Umluft) so lange grillen, bis sie beginnen, dunkel zu werden.

3 Die Zwiebel schälen und in kleine Würfel schneiden.

4 Die Chipotle-Chili, die heißen Tomaten, die Zwiebel und das Koriandergrün in der Küchenmaschine zu Püree verarbeiten, dann bei angeschalteter Maschine langsam das Sonnenblumenöl in das Püree fließen lassen. Das Püree mit Salz abschmecken.

5 Die heiße Salsa in kleine, saubere Einmachgläser füllen und diese fest verschließen. Die Salsa ist bei kühler Lagerung ca. 1 Monat haltbar.

Die Salsa passt gut zu gegrilltem Rind- oder Lammfleisch.

T025 TOMATEN-ZITRONEN-MUS MIT GRÜNEM PFEFFER

Ergibt ca. 800 ml

1 kg vollreife Strauchtomaten
2 Zitronen (Bioware)
650 g Gelierzucker (2:1)
1 Vanilleschote
1 Glas eingelegte grüne Pfefferkörner (ca. 50 g)

Zubereitungszeit: ca. 20 Minuten plus 3-4 Stunden Ruhezeit

1 Die Tomaten waschen, vierteln, von den Stielansätzen befreien und im Mixer oder der Küchenmaschine zu einem feinen Püree verarbeiten.

2 Das Tomatenpüree mit der fein abgeriebenen Schale sowie dem Saft der Zitronen und dem Gelierzucker in einen Topf geben und gut vermengen.

3 Die Vanilleschote längs aufschlitzen und das Mark auskratzen. Das ausgekratzte Vanillemark und die Vanilleschote zu den Tomaten geben. Den Topf abdecken und die Mischung 3 bis 4 Stunden durchziehen lassen.

4 Die eingelegten Pfefferkörner durch ein Sieb schütten, gut abtropfen lassen und grob hacken.

5 Die Tomatenmischung erwärmen und aufkochen. Dann die Temperatur leicht reduzieren und die Mischung 4 bis 6 Minuten kochen lassen. Den Topf vom Herd nehmen und die Vanilleschote entfernen.

6 Die gehackten Pfefferkörner in das Tomatenmus rühren.

7 Das heiße Mus in saubere Einmachgläser füllen und diese fest verschließen. Das Mus vor dem Verzehr 1 bis 2 Tage durchziehen lassen. Das Tomaten-Zitronen-Mus ist bei kühler Lagerung etwa 6 Monate haltbar.

Dieses Mus passt zu Wildpasteten, gebratenem Fisch (Zander, Hecht) und ergibt einen würzigen Brotaufstrich.

T026 FÜNF-GEWÜRZE-TOMATENKETCHUP

Ergibt ca. 1 l

1 kg vollreife Fleischtomaten
1 große Gemüsezwiebel
1 große rote Paprikaschote (ca. 200 g)
5 EL brauner Rohrzucker
½ TL Korianderkörner
3 Gewürznelken
5 schwarze Pfefferkörner
1 Lorbeerblatt
1 kleine Zimtstange (ca. 2 cm)
Saft von 1 Zitrone
Salz

Zubereitungszeit: ca. 75 bis 90 Minuten

1 Die Tomaten am Stielansatz kreuzweise einschneiden.
2 Reichlich Wasser in einem großen Topf zum Kochen bringen. Die Tomaten darin portionsweise je 1 Minute blanchieren.
3 Die Tomaten aus dem Wasser nehmen, in Eiswasser abschrecken, dann häuten, halbieren, entkernen und grob schneiden.
4 Die Zwiebel schälen und in kleine Würfel schneiden.
5 Die Paprika halbieren, von Stielansatz, Scheidewänden und Kernen befreien und ebenfalls in kleine Würfel schneiden.
6 Die Tomaten mit der Zwiebel, der Paprika, dem Zucker, dem Koriander, den Gewürznelken, den Pfefferkörnern, dem Lorbeerblatt und dem Zimt in einen großen Topf geben und bei mittlerer Temperatur etwa 45 Minuten köcheln lassen. Dabei öfter umrühren.
7 Das Lorbeerblatt entfernen und die Tomatensauce mit dem Stabmixer pürieren. Das Püree weitere 10 Minuten köcheln lassen, dann mit Zitronensaft und Salz abschmecken. Das Ketchup in heiß ausgespülte Flaschen füllen. (Bei kühler Lagerung hält sich das Ketchup etwa 2 Monate.)

Bereiten Sie das Ketchup mit 2 EL Currypulver und 2 fein gehackten Chilischoten zu – dann erhalten Sie ein feuriges Ketchup.

T027 TOMATEN-CONFIT

Ergibt ca. 250 ml

8 vollreife, aber feste Tomaten (ca. 600 g)

2 EL Gelierzucker (3:1)

3 Knoblauchzehen

4–5 Zweige Thymian

8 EL fruchtiges Olivenöl extra vergine

Salz

frisch gemahlener Pfeffer

Zubereitungszeit: ca. 1 Stunde

1 Die Tomaten waschen, vierteln, von den Stielansätzen befreien und entkernen.

2 Ein Backblech mit dem Gelierzucker bestreuen und die Tomatenviertel mit der Schnittseite nach unten darauflegen.

3 Den Knoblauch schälen, in feine Scheiben schneiden und über die Tomaten geben.

4 Den Thymian ebenfalls über die Tomaten geben.

5 Die Hälfte des Olivenöls über die Tomaten träufeln.

6 Die Tomaten im auf 100 °C vorgeheizten Backofen etwa 50 Minuten braten (bis sich die Haut leicht abziehen lässt), dann aus dem Ofen nehmen und den Thymian entfernen.

7 Die Tomaten mit dem beim Braten entstandenen Saft in eine Schüssel geben und mit einer Gabel durchmengen. Dabei die Tomaten zerdrücken. Das restliche Olivenöl hinzufügen und gründlich einarbeiten. Mit Salz und Pfeffer abschmecken.

8 Das Confit in ein sauberes Schraubglas füllen und bis zum Verzehr im Kühlschrank aufbewahren.

Das Confit ist ein wunderbarer Belag für Crostini, aber auch eine tolle Beilage zu kaltem Braten, Frischkäse und ein fruchtiger Begleiter für viele Sommergerichte.

T028 TOMATENMARMELADE MIT ANIS UND FENCHEL

Ergibt ca. 800 ml

1 kg vollreife Tomaten (z.B. Fleisch- oder Flaschentomaten)

2 säuerliche Äpfel

2 Zitronen

250 g Gelierzucker (3:1)

1 TL Anissamen

1 TL Fenchelsamen

1 TL Meersalz

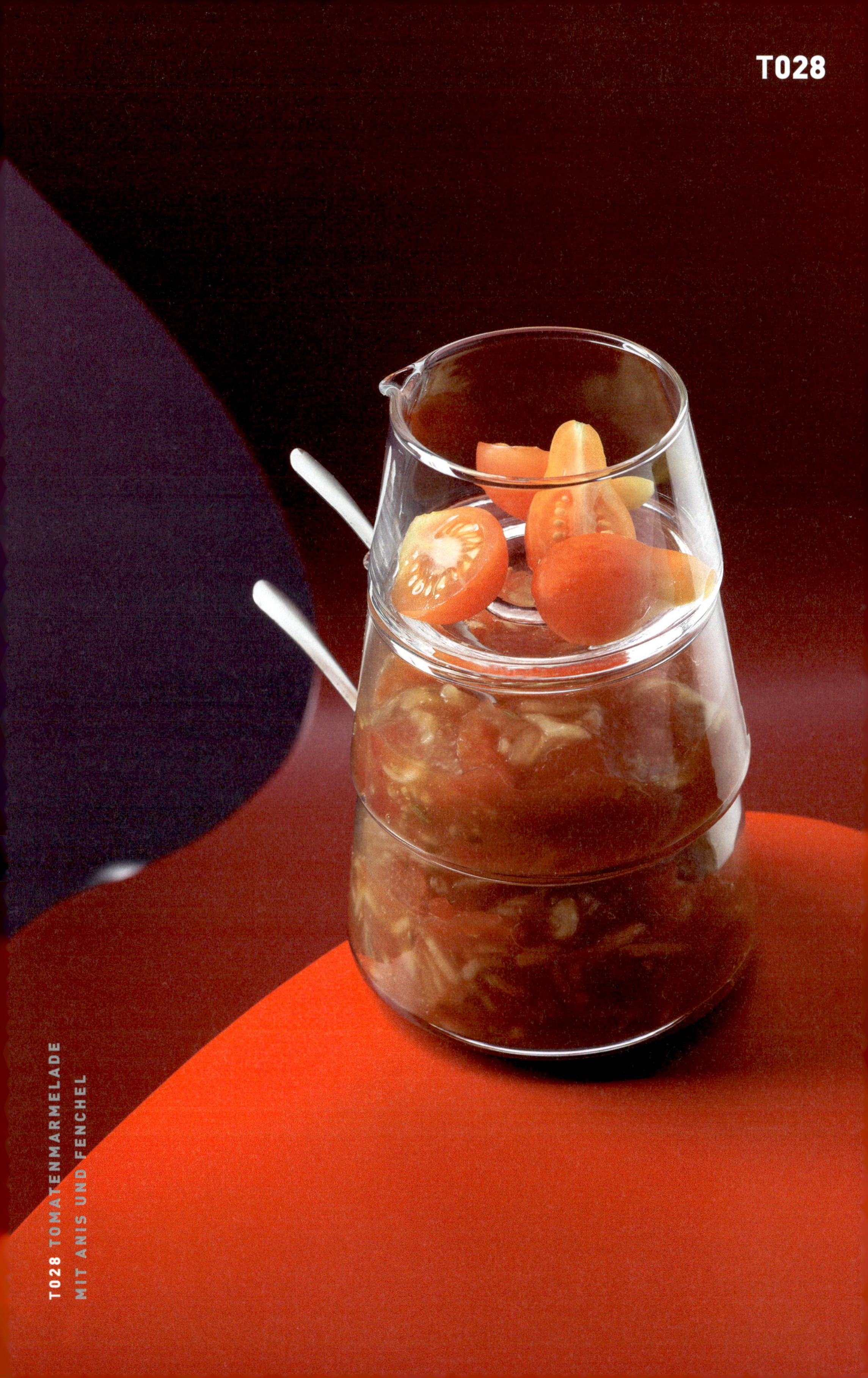

T028 TOMATENMARMELADE
MIT ANIS UND FENCHEL

Zubereitungszeit: ca. 40 Minuten plus 2 Stunden Zeit zum Ziehen

1 Die Tomaten waschen, halbieren, von den Stielansätzen befreien und in kleine Würfel schneiden.
2 Die Äpfel schälen, entkernen und in feine Stifte schneiden.
3 Die Tomaten mit den Äpfeln in eine Schüssel geben und mit dem Saft der Zitronen und dem Gelierzucker vermengen. Die Schüssel abdecken und die Mischung etwa 2 Stunden durchziehen lassen.
4 Die Tomaten-Apfel-Mischung in einen großen Topf geben, die Anis- und Fenchelsamen hinzufügen und aufkochen. Die Temperatur reduzieren und die Mischung in etwa 30 Minuten zu einer dicken Marmelade einkochen, dann salzen.
5 Die heiße Tomatenmarmelade in saubere Einmachgläser füllen und diese fest verschließen. Die Marmelade vor dem Verzehr mindestens 2 bis 3 Tage durchziehen lassen.

Diese Marmelade passt gut zu gegrilltem Fleisch oder Wild und zu Käse. Auch als Brotaufstrich schmeckt sie toll.

T029 TOMATENMARMELADE MIT PAPAYA UND TONKABOHNE

Ergibt ca. 1 l

1,5 kg vollreife Eiertomaten oder Ochsenherztomaten
1 große Papaya (ca. 1 kg)
1 Stange Zitronengras, um die holzigen Enden gekürzt
2 Limetten (Bioware)
500 g Gelierzucker (2 : 1)
¼ Tonkabohne, fein gerieben

Zubereitungszeit: ca. 20-30 Minuten plus 2-3 Stunden Zeit zum Ziehen

1 Die Tomaten am Stielansatz kreuzweise einschneiden.
2 Reichlich Wasser in einem großen Topf zum Kochen bringen. Die Tomaten darin portionsweise je 1 Minute blanchieren.
3 Die Tomaten aus dem Wasser nehmen, in Eiswasser abschrecken, dann häuten, halbieren, vom Stielansatz befreien, entkernen und in kleine Würfel schneiden.
4 Die Papaya schälen, halbieren, entkernen und klein würfeln.
5 Das Zitronengras längs halbieren.
6 Die Tomaten, die Papaya und das Zitronengras in einen hohen Topf geben.
7 Die fein geriebene Schale einer Limette darübergeben, dann den Saft beider Limetten und den Gelierzucker hinzufügen und gründlich vermengen. Den Topf abdecken und die Mischung 2 bis 3 Stunden ziehen lassen.
8 Die Mischung aufkochen, dann die Temperatur leicht reduzieren und die Marmelade 4 bis 5 Minuten sprudelnd kochen lassen.

9 Den Topf vom Herd nehmen, das Zitronengras entfernen und den Tonkabohnenabrieb in die Marmelade rühren.

10 Die heiße Marmelade in saubere Einmachgläser füllen und diese fest verschließen. Die Marmelade vor dem Verzehr 1 bis 2 Tage durchziehen lassen. Die Marmelade ist bei kühler Lagerung ca. 4 Monate haltbar.

Diese Marmelade passt gut zu weichem Käse, aber auch zu frischer Brioche oder Weißbrot.

T030 ZWIEBEL-TOMATEN-RELISH

Ergibt 1 Glas

400 g Flaschentomaten
3 große Haushaltszwiebeln (ca. 750 g), fein gehackt
2 EL Sesam- oder Erdnussöl
1 TL Zucker
4 EL Apfelessig
2 TL Salz
1 Prise Cayennepfeffer

Zubereitungszeit: ca. 45 Minuten

1 Die Tomaten am Stielansatz kreuzweise einschneiden.

2 Reichlich Wasser in einem großen Topf zum Kochen bringen. Die Tomaten darin portionsweise je 1 Minute blanchieren.

3 Die Tomaten aus dem Wasser nehmen, in Eiswasser abschrecken, dann häuten, halbieren, vom Stielansatz befreien, entkernen und grob schneiden.

4 Die Zwiebeln schälen und fein hacken.

5 Das Sesamöl in einem großen Topf stark erhitzen und die Zwiebeln darin etwa 7 Minuten anschwitzen. Achtung: Die Zwiebeln dürfen nicht bräunen, gegebenenfalls die Temperatur auf ein Minimum reduzieren.

6 Die Herdtemperatur reduzieren, die Tomaten in den Topf geben und unter gelegentlichem Rühren etwa 10 Minuten mitbraten.

7 Den Zucker, den Apfelessig, das Salz und den Cayennepfeffer hinzufügen und die Mischung etwa 10 Minuten köcheln, bis die Zwiebeln weich sind und die Sauce glänzt.

8 Das Relish warm oder zimmerwarm servieren. Das Relish ist luftdicht verschlossen im Kühlschrank ca. 3 Wochen haltbar.

KALTE SOMMER-GERICHTE

T035
Karamellisierte
Kirschtomaten auf
Zucchinicarpaccio

T039 Rote-Rüben-Tomaten-Salat
mit Mascarpone-Mohn-Creme

T043
Geeiste Tomatensuppe
mit Granatapfel und
Ziegenkäse-Wan-Tan

T047 Wachteleier in Tomatenvinaigrette

T053
Grüne Tarte
mit Mandel-Rucola-
Pesto

T058 Bowle von gelben
Kirschtomaten mit Orangen
und Ingwer

T055
Himbeer-Tomaten-Sorbet mit
Karamellstangen

KALTE SOMMERGERICHTE

Zutaten für 4 Personen

Für das Parmesanöl

125 ml Olivenöl extra vergine

etwas Rinde eines Parmesanstücks (Bioprodukt)

Für die Bohnen-Parmesan-Creme

80 g frisch geriebener Parmesan

200 g weiße Bohnenkerne (aus der Dose), gut abgetropft

1 EL weißer Aceto balsamico

Salz

frisch gemahlener Pfeffer

Für die Tomatenbruschetta

4 Scheiben Schwarzbrot

150 g Kirschtomaten, halbiert

50 g Rucola

Salz

frisch gemahlener Pfeffer

1 Knoblauchzehe, halbiert

Saft von ½ Zitrone

einige Zitronenspalten zum Servieren

Zubereitungszeit: 20 Minuten plus 3 Tage Zeit zum Ziehen für das Öl

1 Für das Parmesanöl das Olivenöl in einem kleinen Topf leicht erwärmen, dann die Parmesanrinde hinzufügen, den Topf abdecken und das Parmesanöl 3 Tage im Kühlschrank ziehen lassen.

2 Für die Bohnen-Parmesan-Creme den geriebenen Parmesan und die Bohnenkerne in der Küchenmaschine fein pürieren. Dann langsam und unter ständigem Rühren den Aceto balsamico und 8 EL Parmesanöl in das Püree fließen lassen. Das Püree mit Salz und Pfeffer abschmecken.

3 Das Schwarzbrot beidseitig goldbraun toasten.

4 Die Kirschtomaten waschen, trocknen und halbieren.

5 Den Rucola in feine Streifen schneiden, in eine Schüssel geben und mit den Tomaten vermengen. 2 EL Parmesanöl darübergeben und mit Salz und Pfeffer abschmecken.

6 Die getoasteten Brotscheiben beidseitig mit der Knoblauchzehe einreiben und mit der Bohnen-Parmesan-Creme bestreichen. Die Tomaten-Rucola-Mischung daraufgeben und alles mit dem restlichen Parmesanöl und etwas Zitronensaft beträufeln.

7 Die Bruschettas zusammen mit den Zitronenspalten garnieren
und servieren.

**T032 AVOCADO-JOGHURT-CREME AUF MARINIERTEN
KORIANDERTOMATEN**

Zutaten für 4 Personen

Für die Koriandertomaten

500 g Kirschtomaten

4 EL Olivenöl extra vergine

3 EL Korianderkörner, grob gehackt

1 Prise Cayennepfeffer

Salz

frisch gemahlener Pfeffer

Für die Avocado-Joghurt-Creme

2 vollreife Avocados (à ca. 180 g)

1 EL frisch gepresster Zitronensaft

250 ml Naturjoghurt (3,5 % Fettgehalt)

250 g Crème fraîche

1 TL Kurkumapulver

1 kleine Knoblauchzehe, fein gehackt

Salz

frisch gemahlener Pfeffer

einige essbare Blüten

Zubereitungszeit: 10-15 Minuten plus 2-3 Stunden Kühlzeit

1 Die Tomaten waschen, trocknen und halbieren. Die Tomatenhälften auf
4 Gläser verteilen.

2 Das Olivenöl mit den Korianderkörnern verrühren und mit Cayennepfeffer,
Salz und Pfeffer abschmecken. Diese Marinade über die Tomaten geben.

3 Für die Avocado-Joghurt-Creme die Avocados halbieren, entkernen und
schälen. Das Avocadofleisch grob schneiden, in einen hohen Rührbecher
geben und mit dem Zitronensaft beträufeln.

4 Den Joghurt mit der Crème fraîche, dem Kurkumapulver und dem
Knoblauch glatt rühren und zu den Avocados in den Rührbecher geben. Mit
dem Stabmixer zu einer glatten Creme verarbeiten. Die Creme mit Salz und
Pfeffer abschmecken und über die marinierten Tomaten geben. Die Gläser
mit Frischhaltefolie abdecken und 2 bis 3 Stunden im Kühlschrank erkalten
lassen.

5 Die Avocado-Joghurt-Cremes jeweils mit einigen essbaren Blüten bestreuen
und servieren.

T033 DIPP MIT KIRSCHTOMATEN UND MAIS

Zutaten für 4 Personen

3 frische Maiskolben

1 EL Milch

100 g Topfen (Quark, 40 % Fettgehalt) oder Frischkäse

1 EL frisch gepresster Limettensaft

250 g Kirschtomaten

2 EL fein geschnittene Blattpetersilienblättchen

Meersalz

frisch gemahlener Pfeffer

Zubereitungszeit: ca. 30-40 Minuten

1 Die Maiskörner mit einem kleinen, scharfen Messer von den Kolben lösen.

2 Die Maiskörner mit der Milch in einen kleinen Topf geben und aufkochen, dann bei geringer Temperatur 7 bis 9 Minuten köcheln lassen. Den Topf vom Herd nehmen und die Mischung vollständig abkühlen lassen, dann durch ein Sieb schütten.

3 Ein Drittel der Maismischung mit dem Topfen und dem Limettensaft in einen hohen Rührbecher geben und mit dem Stabmixer (oder in der Küchenmaschine) fein pürieren.

4 Die Kirschtomaten waschen, vierteln und mit den restlichen Maiskörnern unter das Maispüree heben.

5 Die gehackte Petersilie unter den Dipp mengen und den Dipp kräftig mit Salz und Pfeffer abschmecken.

Servieren Sie diesen Dipp mit Tortillachips und Gurkenstiften oder einfach als Brotaufstrich.

T034 TSATSIKIMOUSSE MIT LAUWARMEN ANIS-TOMATEN

Zutaten für 4 Personen

Für die Tsatsikimousse

4 Blatt weiße Gelatine

2 Salatgurken (à 350 g)

Salz

400 g griechischer Joghurt

4 EL Olivenöl extra vergine

1 Knoblauchzehe, fein gehackt

2 EL Ouzo (griechischer Anisschnaps)

frisch gemahlener Pfeffer

Für die Anistomaten

500 g kleine, ovale Kirschtomaten
2 EL Anissamen
8 EL Olivenöl extra vergine
Salz
frisch gemahlener Pfeffer
1 Spritzer Zitronensaft
einige frische Oreganoblüten zum Garnieren (nach Belieben)

Zubereitungszeit: ca. 30 Minuten plus Kühlzeit

1 Die Gelatine in kaltem Wasser einweichen.
2 Die Gurken schälen, längs halbieren, entkernen, grob raspeln, mit Salz bestreuen und 10 Minuten ziehen lassen, dann gut ausdrücken.
3 Den Joghurt mit dem Olivenöl und dem Knoblauch verrühren. Die Gurken unterheben.
4 Die eingeweichte Gelatine gut ausdrücken, mit dem Ouzo in einen kleinen Topf geben und bei geringer Temperatur auflösen, dann 3-4 EL der Gurken-Joghurt-Creme hineinrühren und alles unter die restliche Gurken-Joghurt-Creme rühren. Mit Pfeffer abschmecken. Die Mousse in 4 Gläser füllen, bis die Gläser halbvoll sind, und 4 bis 5 Stunden (am besten über Nacht) im Kühlschrank erkalten lassen.
5 Die Tomaten waschen und halbieren.
6 Die Anissamen ohne Fettzugabe kurz in einer beschichteten Pfanne anrösten. Die Pfanne vom Herd nehmen, das Olivenöl über die Anissamen geben und 10 Minuten ziehen lassen.
7 Die Tomatenhälften mit dem lauwarmen Anisöl vermengen und mit Salz und Pfeffer abschmecken.
8 Die Anistomaten auf die Tsatsikimousse geben und nach Belieben mit Oreganoblüten garnieren.

T035 KARAMELLISIERTE KIRSCHTOMATEN AUF ZUCCHINICARPACCIO

Zutaten für 4 Personen

Für die karamellisierten Kirschtomaten

24 Kirschtomaten
125 g Kristallzucker
1 EL Pfeffer, grob geschrotet

Für das Zucchinicarpaccio

4 kleine, feste Zucchini (ca. 500 g)
8 EL Olivenöl extra vergine

4 EL weißer Aceto balsamico	
1 EL fein gehackte Blattpetersilie	
einige grob geriebene Chiliflocken	
Salz	
frisch gemahlener Pfeffer	
frisch gehobelter Parmesan	
frische Oreganoblättchen	

Zubereitungszeit: ca. 30 Minuten

1 Die Kirschtomaten waschen und auf Küchenkrepp gut abtropfen lassen, dann jede Kirschtomate auf einen kleinen Holzspieß (Zahnstocher) stecken.

2 Den Zucker mit 200 ml Wasser in einem kleinen Topf aufkochen und bei geringer Hitze so lange köcheln, bis ein hellbrauner Karamell entstanden ist.

3 Den Topf vom Herd nehmen, die Kirschtomaten einzeln in den Karamell tauchen und mit dem groben Pfeffer bestreuen. Die Tomaten zum Trocknen auf ein mit Backpapier bedecktes Backblech oder Tablett legen.

4 Für das Zucchinicarpaccio die Zucchini waschen und mit dem Sparschäler (oder auf der Schneidemaschine) längs in dünne Streifen schneiden. Diese Zucchinispäne auf einem Teller anrichten.

5 Das Olivenöl mit dem Aceto balsamico und der Petersilie zu einem Dressing verrühren. Das Dressing mit den Chiliflocken, Salz und Pfeffer abschmecken.

6 Das Dressing über das Zucchinicarpaccio geben, die Tomaten darauf verteilen und nach Belieben mit frisch gehobeltem Parmesan bestreuen und mit Oreganoblättchen garnieren. Sofort servieren.

T036 BUNTER TOMATENSALAT MIT ROTEN ZWIEBELN, ORANGENZESTE UND MINZE

Zutaten für 4 Personen

1 kg bunte Tomaten	
2 rote Zwiebeln	
etwas Meersalz	
65 ml fruchtiges Olivenöl extra vergine	
1 unbehandelte Orange	
frisch gemahlener Pfeffer	
2 Handvoll Minzeblätter	

Zubereitungszeit: ca. 15 Minuten

1 Die Tomaten waschen, vierteln, von den Stielansätzen befreien und auf einer Servierplatte verteilen.

2 Die Zwiebeln schälen, halbieren, in Scheiben schneiden und über die Tomaten geben. Die Mischung mit Meersalz bestreuen und mit dem Olivenöl übergießen.

3 Die Schale der Orange zu feinen Zesten reiben und über den Tomaten-Zwiebel-Salat geben.

4 Die Orange halbieren und den Saft auspressen. Den Saft über den Salat träufeln. Den Salat kräftig pfeffern und mit den Minzeblättchen garnieren.

Dieser Salat ergibt eine schnelle, leichte Sommervorspeise oder einen Beilagensalat. Bestreuen Sie ihn nach Belieben mit etwas grob gehobeltem, jungem Parmesan.

T037 SALAT VOM OCHSENHERZ MIT PFIRSICHEN UND HONIG

Zutaten für 4 Personen

6 Ochsenherztomaten (ca. 500 g)
4 weiße Pfirsiche (z.B. Saturn)
4 EL fruchtiges Olivenöl extra vergine
Saft von 1 Orange
2 EL sehr flüssiger Honig
1 TL frische Lavendelblüten
Meersalz

Zubereitungszeit: ca. 10 Minuten

1 Die Tomaten waschen, in ½ cm dicke Scheiben schneiden und leicht salzen.

2 Die Pfirsiche häuten, halbieren, entsteinen und in ½ cm dicke Würfel schneiden. (Vollreife Pfirsiche lassen sich leicht häuten. Klappt das nicht, die Pfirsiche kurz mit kochendem Wasser überbrühen, kalt abschrecken und dann häuten.)

3 Die Tomatenscheiben und die Pfirsichwürfel locker in einer Schüssel vermengen, dann das Olivenöl und den Orangensaft daruntermischen.

4 Den Tomaten-Pfirsich-Salat mit dem Honig überziehen und mit den Lavendelblüten bestreuen, dann erneut vorsichtig vermengen.

5 Den Salat auf 4 Tellern anrichten und mit etwas Meersalz bestreuen.

Dieser Salat passt gut zu gegrilltem Huhn oder weißem Fisch und zu Frischkäse.

T038 LAUWARMER ANANASTOMATEN-
SALAT MIT ROSMARIN-ZABAIONE

LAUWARMER ANANASTOMATENSALAT MIT ROSMARIN-ZABAIONE

Zutaten für 4 Personen

800 g gelbe Ananastomaten (aus dem Garten oder vom gut sortierten Gemüsehändler)

etwas Meersalz

4 Eigelb

125 ml fruchtiger Weißwein

1 EL Kristallzucker

2 Zweige frischer Rosmarin

1 TL fein geriebene Zitronenschale (Bioware)

2 EL Crème fraîche (ca. 80 g)

Salz

frisch gemahlener Pfeffer

Zubereitungszeit: ca. 30 Minuten

1 Die Tomaten halbieren, vom Strunk befreien, mit der Schnittfläche nach oben auf ein Backblech legen, mit Meersalz bestreuen und unter dem vorgeheizten Backofengrill 1 bis 2 Minuten grillen. Das Backblech aus dem Ofen nehmen und die Tomaten abkühlen lassen.

2 Die Eigelb mit dem Wein und dem Zucker in eine Rührschüssel geben und über dem warmen Wasserbad etwa 8 bis 10 Minuten zu einer dicken Creme (Zabaione) aufschlagen. Die Zabaione anschließend unter Rühren über einem kalten Wasserbad abkühlen lassen.

3 Für die Zabaione die Rosmarinnadeln von den Zweigen zupfen und fein hacken.

4 Den gehackten Rosmarin, die fein geriebene Zitronenschale und die Crème fraîche unter die Zabaione ziehen. Mit Salz und Pfeffer abschmecken.

5 Die lauwarmen Ananastomaten in tiefen Tellern anrichten und mit der kalten Zabaione überziehen.

Legen Sie die halbierten Tomaten an heißen Sommertagen einfach 15 Minuten in die Sonne.

ROTE-RÜBEN-TOMATEN-SALAT MIT MASCARPONE-MOHN-CREME

Zutaten für 4 Personen

Für den Rote-Rüben-Tomaten-Salat

6 junge rote Rüben, geputzt und längs halbiert

Olivenöl extra vergine zum Beträufeln

½ TL grobes Salz

4–6 dunkelrote Tomaten
Saft von ½ Zitrone
frisch gemahlener Pfeffer
Mohnöl zum Beträufeln

Für die Mascarpone-Mohn-Creme

120 g Mascarpone
125 ml Naturjoghurt
3 EL Mohnöl
2 EL Mohnsamen, fein gemahlen
Salz
frisch gemahlener Pfeffer
½ TL fein geriebene Zitronenschale (Bioware)
1 EL frisch gepresster Zitronensaft

Zubereitungszeit: ca. 50 Minuten plus Zeit zum Abkühlen

1 Die roten Rüben mit den Schnittflächen nach oben auf ein mit Alufolie bedecktes Backblech legen (die Alufolie dabei auf beiden Seiten weit überstehen lassen), mit dem Olivenöl beträufeln und mit dem groben Salz bestreuen. Die Alufolie über den roten Rüben zusammenschlagen und gut verschließen.

2 Die roten Rüben im auf 180 °C vorgeheizten Backofen etwa 35 Minuten weich garen, dann aus dem Ofen nehmen, abkühlen lassen und in Spalten schneiden.

3 Für die Mascarpone-Mohn-Creme den Mascarpone mit dem Joghurt, dem Mohnöl und den Mohnsamen vermengen. Die Creme mit Salz, Pfeffer, Zitronenabrieb und Zitronensaft abschmecken.

4 Die Tomaten waschen, vom Stielansatz befreien und in Spalten schneiden. Die Tomatenspalten mit den Rote-Rübe-Spalten auf einer Servierplatte anrichten, dann mit Olivenöl und dem Zitronensaft beträufeln und mit Salz und Pfeffer bestreuen.

5 Die Mascarpone-Mohn-Creme zu dem Tomaten-Rote-Rüben-Salat reichen. Den Salat nach Belieben mit etwas Mohnöl beträufeln.

T040 TOMATEN-WASSERMELONEN-SALAT MIT ZITRONEN-VANILLE-DRESSING

Zutaten für 4 Personen

2 unbehandelte Zitronen
3 EL brauner Rohrzucker
1 Vanilleschote
5 EL Olivenöl extra vergine
Salz

T040 TOMATEN-WASSER-MELONEN-SALAT MIT ZITRONEN-VANILLE-DRESSING

frisch gemahlener Pfeffer
1 rote Zwiebel (ca. 80 g)
400 g Wassermelone, geschält
5 vollreife Strauchtomaten (ca. 600 g)
einige Korianderblättchen zum Garnieren

Zubereitungszeit: ca. 20-30 Minuten

1. Die Schale mit dem Zestenreißer von den Zitronen lösen.
2. Die Zitronen auspressen und den Saft mit den Zesten, dem Zucker und der ganzen Vanilleschote in einen kleinen Topf geben, bei mittlerer Temperatur aufkochen und etwa 6 bis 7 Minuten köcheln lassen. Den Topf vom Herd nehmen und das Dressing abkühlen lassen.
3. Die Vanilleschote aus dem Dressing nehmen. Das Olivenöl mit dem Schneebesen in das Dressing rühren. Mit Salz und Pfeffer abschmecken.
4. Die Zwiebel schälen und in feine Ringe schneiden.
5. Die Wassermelone entkernen und in mundgerechte Stücke schneiden.
6. Die Tomaten waschen, vom Stielansatz befreien, in Scheiben schneiden und mit den Melonenstücken auf einer Servierplatte anrichten.
7. Die Zwiebelringe und das grob gezupfte Koriandergrün darüberstreuen und das Dressing darübergießen.

Servieren Sie den Salat gut gekühlt.

T041 KALTE TOMATENSUPPE MIT GERÄUCHERTEM PAPRIKAPULVER

Zutaten für 4 Personen

1 kg vollreife Tomaten
2 große rote Paprikaschoten
5 große entsteinte grüne Oliven
1 Knoblauchzehe, fein gehackt
155 ml Olivenöl extra vergine
125 ml frisch gepresster Orangensaft
3 EL Semmelbrösel
1 TL Pimentón de la Vera (geräuchertes Paprikapulver)
Salz
frisch gemahlener Pfeffer
1 gelbe Paprikaschote

Zubereitungszeit: ca. 15 Minuten plus 3 Stunden Kühlzeit

1 Die Tomaten waschen, halbieren, vom Stielansatz befreien, entkernen und grob hacken.

2 Die roten Paprikaschoten waschen, halbieren, von den Kernen und Scheidewänden befreien und grob schneiden.

3 Die Paprikastücke mit den Tomaten, den Oliven, dem Knoblauch, 125 ml Olivenöl, dem Orangensaft, den Semmelbröseln und dem Pimentón de la Vera in der Küchenmaschine fein pürieren. Die pürierte Mischung mit Salz und Pfeffer abschmecken und 3 Stunden im Kühlschrank erkalten lassen.

4 Die gelbe Paprikaschote waschen, halbieren, von den Kernen und Scheidewänden befreien und in feine Streifen schneiden. Die Paprikastreifen leicht salzen und mit dem restlichen Olivenöl vermengen.

5 Die erkaltete Suppe in 4 großen Tassen anrichten, die marinierten Paprikastreifen daraufgeben und mit etwas Pimentón de la Vera bestreuen.

T042 TOMATEN-GAZPACHO MIT XIMÉNEZ

Zutaten für 6-8 Personen

1 kg leicht überreife Tomaten
500 g entrindetes Weißbrot oder Toastbrot
1 kleine Knoblauchzehe, fein gehackt
125 ml gut gereifter Sherry
65 ml Sherryessig (am besten Pedro Ximénez)
500 ml fruchtiges Olivenöl extra vergine
etwas Tabasco
Salz
frisch gemahlener Pfeffer
Olivenöl extra vergine zum Beträufeln

Zubereitungszeit: ca. 5 Minuten plus Kühlzeit

1 Die Tomaten waschen, halbieren, vom Stielansatz befreien und grob hacken.

2 Das Weißbrot grob schneiden.

3 Die Tomaten mit dem Weißbrot, dem Knoblauch, dem Sherry, dem Sherryessig und dem Olivenöl im Mixer fein pürieren. Das Püree mit Tabasco, Salz und Pfeffer abschmecken und mindestens 5 Stunden (am besten über Nacht) im Kühlschrank kalt stellen.

4 Die Gazpacho in Gläser füllen und mit einigen Spritzern Olivenöl beträufeln.

Servieren Sie die Gazpacho mit kross gebratenem Rohschinken.

T043

T043 GEEISTE TOMATENSUPPE MIT GRANATAPFEL UND ZIEGENKÄSE-WAN-TAN

Zutaten für 4 Personen

Für die Tomatensuppe

1 kg vollreife Tomaten

4 EL Olivenöl extra vergine

Saft von ½ Limette

1 TL Zucker

Salz

frisch gemahlener Pfeffer

Für die Ziegenkäse-Wan-Tans

100 g milder Ziegenfrischkäse

2 EL fein geschnittene Minze

Meersalz

8 kleine Wan-Tan-Blätter (erhältlich im Asialaden)

1 Eigelb

Pflanzenöl zum Ausbacken

4 EL frische Granatapfelkerne

Zubereitungszeit: ca. 30 Minuten plus 6–7 Stunden Kühlzeit

1 Die Tomaten waschen, vierteln, von den Stielansätzen befreien, grob hacken und im Mixer fein pürieren. Das Tomatenpüree kräftig und gründlich durch ein feines Sieb streichen.

2 Das Olivenöl, den Limettensaft und den Zucker in die passierten Tomaten rühren, alles mit Salz und Pfeffer abschmecken und 5 bis 6 Stunden im Kühlschrank erkalten lassen. Die Suppe etwa 45 Minuten vor dem Servieren aus dem Kühlschrank nehmen und ins Tiefkühlfach stellen.

3 Für die Ziegenkäse-Wan-Tans den Ziegenkäse mit der Minze verrühren und mit Meersalz abschmecken.

4 Die Wan-Tan-Blätter mit verquirltem Eigelb bestreichen. Auf jedes Blatt 1 TL Ziegenfrischkäse setzen. Die 4 Ecken jedes Teigblatts hochklappen und über der Füllung zusammendrücken.

5 Das Pflanzenöl in einem hohen Topf erhitzen und die Wan-Tans darin 2 bis 3 Minuten knusprig ausbacken.

6 Die eisgekühlte Tomatensuppe in 4 gut gekühlten Tassen anrichten, mit je 2 Wan-Tans und 1 EL Granatapfelkernen garnieren und servieren.

T044 GELIERTES SOMMERSÜPPCHEN MIT FLUSSKREBSEN

Zutaten für 4 Personen

Für die gelierte Suppe

4 Blatt weiße Gelatine

1 Karotte (ca. 120 g)

1 Zucchini (ca. 120 g)

2 Stangen Staudensellerie (ca. 100 g)

375 ml Gemüsebrühe

125 ml trockener Weißwein

2 Frühlingszwiebeln, in feine Ringe geschnitten

5–6 Blatt Basilikum, in feine Streifen geschnitten

Salz

frisch gemahlener Pfeffer

200 g sehr kleine Kirschtomaten

Für die Flusskrebse

250 g eingelegte Flusskrebse

2 EL Olivenöl

1–2 EL Weißweinessig

2 Frühlingszwiebeln, in feine Ringe geschnitten

2 EL Schnittlauchröllchen

Salz

frisch gemahlener Pfeffer

Zubereitungszeit: ca. 30 Minuten plus Kühlzeit

1 Die Gelatine in kaltem Wasser einweichen.

2 Die Karotte putzen und in feine Streifen schneiden.

3 Die Zucchini ebenfalls in feine Streifen schneiden.

4 Den Staudensellerie putzen, von den Fäden befreien und in feine Streifen schneiden.

5 Die Gemüsebrühe in einem kleinen Topf aufkochen, das Gemüse hinzufügen und 5 bis 7 Minuten bissfest kochen. Den Topf vom Herd nehmen.

6 Die eingeweichte Gelatine ausdrücken und in der heißen Gemüsesuppe auflösen. Die Suppe kalt stellen.

7 Den Weißwein, die Frühlingszwiebeln und das Basilikum in die Suppe rühren, bevor sie zu gelieren beginnt. Die Suppe mit Salz und Pfeffer abschmecken.

8 Die Kirschtomaten waschen und halbieren.

9 Die gelierende Suppe in tiefe Teller oder Schalen geben, die Tomaten darübergeben und die Suppe mindestens 4 bis 5 Stunden (am besten über Nacht) im Kühlschrank erstarren lassen.

10 Die Flusskrebse gut abtropfen lassen und in eine Schüssel geben. Die Flusskrebse mit dem Olivenöl, dem Weißweinessig, den Frühlingszwiebelringen und den Schnittlauchröllchen vermengen und mit Salz und Pfeffer abschmecken.

11 Die Flusskrebse auf den gekühlten Sommersüppchen anrichten und servieren.

T045 TOMATEN-APEROL-SÜLZE MIT LIMETTENJOGHURT

Zutaten für 4 Personen

Für die Tomaten-Aperol-Sülze

8 vollreife Tomaten (ca. 1 kg)

50 g entsteinte schwarze Oliven

3 EL Olivenöl extra vergine

Salz

frisch gemahlener Pfeffer

10 Blatt weiße Gelatine

250 ml Gemüsebrühe

2 EL Tomatenmark

65 ml Aperol (italienischer Bitterlikör)

1 EL brauner Zucker

1 Spritzer frisch gepresster Zitronensaft

1 Spritzer Tabasco

Für den Limettenjoghurt

250 g Naturjoghurt

fein geriebene Schale von 1 Limette (Bioware)

1 Prise Zucker

Salz

frisch gemahlener Pfeffer

Zubereitungszeit: ca. 30 Minuten plus Kühlzeit

1 Die Tomaten am Stielansatz kreuzweise einschneiden. Reichlich Wasser in einem großen Topf zum Kochen bringen. Die Tomaten darin portionsweise je 1 Minute blanchieren. Die Tomaten aus dem Wasser nehmen, in Eiswasser abschrecken, dann häuten, vom Stielansatz befreien, vierteln und entkernen. Die Tomaten auf Küchenkrepp gut abtropfen lassen.

2 Die Oliven grob hacken, in einer Schüssel locker mit den Tomatenvierteln und dem Olivenöl vermengen und mit Salz und Pfeffer abschmecken.

3 Eine Kastenform (24 cm) mit Klarsichtfolie auslegen. Die Tomaten-Oliven-Mischung hineinfüllen.

4 Die Gelatine in kaltem Wasser einweichen.

5 Die Gemüsebrühe mit dem Tomatenmark in einen Topf geben, aufkochen und 3 bis 4 Minuten kochen lassen. Den Topf vom Herd nehmen. Die eingeweichte Gelatine gut ausdrücken und in der heißen Flüssigkeit auflösen. Dann den Aperol hineinrühren und alles mit dem Zucker, Zitronensaft, Tabasco sowie Salz und Pfeffer abschmecken. Die Brühe in die Tomatenmischung geben. Die Kastenform mit Klarsichtfolie bedecken und die Sülze über Nacht im Kühlschrank gelieren lassen.

6 Für den Limettenjoghurt den Joghurt mit dem Limettenabrieb verrühren. Mit Zucker, Salz und Pfeffer abschmecken.

7 Die Sülze aus der Form stürzen, die Folie abziehen, die Sülze aufschneiden und mit dem Limettenjoghurt servieren.

T046 TOMATEN-PETIT-FOURS

Zutaten für 4 Personen

16 bunte, nicht zu kleine Kirschtomaten

Für die Parmesanfüllung

100 g frisch fein geriebener junger Parmesan

100 g Frischkäse (Doppelrahmstufe)

1 Spritzer frisch gepresster Zitronensaft

Salz

frisch gemahlener Pfeffer

Für die Ziegenfrischkäsefüllung

1 Rolle Ziegenfrischkäse (120 g)

fein geriebene Schale von ½ Orange (Bioware)

2 EL fein geschnittene Minzeblättchen

2 EL Olivenöl extra vergine

Chilipulver

Salz

frisch gemahlener Pfeffer

Zubereitungszeit: ca. 20-30 Minuten

1 Die Kirschtomaten waschen. Von jeder Tomate am Stielansatz einen Deckel abschneiden. Die Deckel beiseitestellen. Die Tomaten mit einem Parisienneausstecher oder einem Teelöffel aushöhlen.

2 Für die Parmesanfüllung den Parmesan mit dem Frischkäse glatt rühren. Die Creme mit Zitronensaft, Salz und Pfeffer abschmecken.

3 Die Parmesancreme in einen Spritzbeutel füllen und die Hälfte der Tomaten damit füllen. Auf die gefüllten Tomaten die Deckel setzen.

4 Für die Ziegenfrischkäsecreme den Ziegenkäse mit einer Gabel zerdrücken und mit der geriebenen Orangenschale, der Minze und dem Olivenöl glatt rühren. Die Creme mit etwas Chilipulver, Salz und Pfeffer abschmecken.

5 Die Ziegenfrischkäsecreme in einen Spritzbeutel füllen und die andere Hälfte der Tomaten damit füllen. Auf die gefüllten Tomaten die Deckel setzen.

Wenn Sie keinen Spritzbeutel zur Hand haben, füllen Sie die Cremes jeweils in einen dickwandigen Gefrierbeutel, drücken Sie die Creme in eine Ecke und schneiden Sie die Ecke etwa 0,5-1 cm vor der Spitze ab.

T047 WACHTELEIER IN TOMATENVINAIGRETTE

Zutaten für 4 Personen

24 Wachteleier
300 g sehr kleine, gelbe Kirschtomaten
3 Frühlingszwiebeln
4 Knoblauchzehen
250 ml Olivenöl extra vergine
2 EL Estragonessig
Salz
frisch gemahlener Pfeffer
4 Zweige Estragon

Zubereitungszeit: ca. 30 Minuten plus 1-2 Tage Kühlzeit

1 Die Wachteleier in einen Topf geben, mit kaltem Wasser bedecken und aufkochen. Den Topf vom Herd nehmen und die Wachteleier 5 Minuten ziehen lassen. Die Wachteleier aus dem Wasser nehmen, kalt abschrecken und schälen.

2 Die Kirschtomaten waschen. Die Hälfte der Kirschtomaten halbieren. Alle Kirschtomaten mit den Wachteleiern in eine Schüssel oder ein großes Schraubglas geben.

3 Die Frühlingszwiebeln putzen, in etwa 1 cm dicke Ringe schneiden und in die Schüssel bzw. das Glas geben.

4 Den Knoblauch schälen und in feine Scheiben schneiden. Den Knoblauch mit dem Olivenöl in einen Topf geben und leicht erwärmen. Den Topf vom Herd nehmen. Den Estragonessig hinzufügen und mit Salz und Pfeffer würzen. Die Marinade über die Wachteleier und die Tomatenmischung in der Schüssel bzw. dem Glas geben.

5 Die Schüssel mit Alufolie abdecken, bzw. das Schraubglas fest verschließen und die Wachteleier in der Vinaigrette 1 bis 2 Tage im Kühlschrank durchziehen lassen. Die Wachteleier mit den gezupften Estragonblättchen bestreuen und servieren.

Die Wachteleier eignen sich gut für ein Picknick oder ein Sommerbuffet.

T048 MOZZARELLA GEFÜLLT MIT SARDELLEN UND KIRSCHTOMATEN

Zutaten für 4 Personen

Für die Füllung

120 g Kirschtomaten

2 Sardellenfilets

40 g entsteinte schwarze Oliven

2 Knoblauchzehen, gehackt

3 EL gehackte Blattpetersilie

2–3 EL Olivenöl extra vergine

Salz

frisch gemahlener Pfeffer

Für den Mozzarella

4 Kugeln Mozzarella (à ca. 120 g)

8 Scheiben Rohschinken

einige Salatblätter

frisch gemahlener Pfeffer

Olivenöl extra vergine zum Beträufeln

Zubereitungszeit: ca. 20 Minuten plus 3-4 Stunden Zeit zum Ziehen

1 Die Kirschtomaten halbieren und leicht den Saft ausdrücken, dann mit den Sardellenfilets, den Oliven, dem Knoblauch, der Petersilie und dem Olivenöl in der Küchenmaschine zu einer groben Paste verarbeiten. Die Paste mit Salz und Pfeffer abschmecken.

2 Jede Mozzarellakugel längs in drei Scheiben schneiden. Jede Mozzarellascheibe mit der Tomaten-Sardellen-Paste bestreichen und die Scheiben wieder zu Kugeln zusammensetzen. Jede Kugel mit 2 Scheiben Rohschinken umwickeln, in Frischhaltefolie einrollen und 3 bis 4 Stunden im Kühlschrank ziehen lassen.

3 Die gefüllten Mozzarellakugeln quer halbieren, auf einigen Blättern Salat anrichten, mit Pfeffer bestreuen und mit Olivenöl beträufeln.

Zutaten für 4 Personen

Für die Sesamcreme

100 g gegrillte, in Öl eingelegte Paprikaschoten

2 EL geröstete Sesamsaat

3 EL Olivenöl extra vergine

2 EL Balsamicoglace oder Crema di Balsamico

1 Spritzer Tabasco

Salz

frisch gemahlener Pfeffer

Für das Carpaccio

2 große Fleischtomaten (ca. 400 g)

200 g frischer Thunfisch

4 EL geröstetes Sesamöl

3 EL helle Sojasauce

1 TL frisch gepresster Zitronensaft

Radieschensprossen oder geröstete Sesamsaat zum Bestreuen

Zubereitungszeit: ca. 25 Minuten

1 Für die Sesamcreme die eingelegten Paprikas gut abtropfen lassen, klein schneiden, mit der Sesamsaat, dem Olivenöl und der Balsamicoglace in einen hohen Rührbecher geben und mit dem Stabmixer pürieren. Das Püree mit Tabasco, Salz und Pfeffer abschmecken.

2 Je 1 EL Sesamcreme auf 4 flache Teller geben und mit dem Rücken eines Esslöffels glatt streichen.

3 Die Tomaten waschen, vom Stielansatz befreien und in dünne Scheiben schneiden. (Am besten geht das mit der Aufschnittmaschine.)

4 Den gut gekühlten Thunfisch in dünne Scheiben schneiden (am besten mit der Aufschnittmaschine) und abwechselnd mit den Tomatenscheiben dachziegelartig auf den Spiegeln der Sesamcreme verteilen.

5 Das Sesamöl mit der Sojasauce und dem Zitronensaft verrühren. Diese Marinade über das Carpaccio träufeln.

6 Das Carpaccio mit frischen Radieschensprossen oder etwas Sesamsaat bestreuen und servieren.

T050 TOMATEN MIT BONITOFÜLLUNG
IN PETERSILIENÖL UND CHILIFÄDEN

T050 TOMATEN MIT BONITOFÜLLUNG IN PETERSILIENÖL UND CHILIFÄDEN

Zutaten für 4 Personen

Für das Petersilienöl

30 g Blattpetersilienblättchen
125 ml Olivenöl extra vergine
1–2 EL Milch
1 Spritzer frisch gepresster Zitronensaft
Salz
frisch gemahlener Pfeffer

Für die Tomaten mit Bonitofüllung

150 g Thunfisch im eigenen Saft (aus der Dose)
2 EL Tomatenmark oder dick eingekochtes Tomatenpüree
1 Knoblauchzehe, fein gehackt
4 EL Olivenöl extra vergine
1 Spritzer frisch gepresster Limettensaft
Salz
frisch gemahlener Pfeffer
4 große Strauchtomaten
einige Chilifäden zum Garnieren

Zubereitungszeit: ca. 30-40 Minuten

1 Für das Petersilienöl die Petersilienblättchen mit kochendem Wasser übergießen, 1 bis 2 Minuten ziehen lassen, dann abseihen und kalt abschrecken.

2 Die Petersilienblättchen ausdrücken, mit dem Olivenöl, der Milch und dem Zitronensaft in einen Rührbecher geben und mit dem Stabmixer fein pürieren. Mit Salz und Pfeffer abschmecken.

3 Für die Bonitofüllung den Thunfisch gut abtropfen lassen, dann mit 3 EL des Petersilienöls, dem Tomatenmark, dem Knoblauch und dem Olivenöl in einen hohen Rührbecher geben und mit dem Stabmixer fein pürieren. Mit Limettensaft, Salz und Pfeffer abschmecken.

4 Die Tomaten am Stielansatz kreuzweise einschneiden. Reichlich Wasser in einem großen Topf zum Kochen bringen. Die Tomaten darin portionsweise je 1 Minute blanchieren. Die Tomaten aus dem Wasser nehmen, in Eiswasser abschrecken, dann häuten.

5 Von jeder Tomate eine Kappe (mit dem Stielansatz) abschneiden und das Tomateninnere vorsichtig mit einem Teelöffel aushöhlen.

6 Die ausgehöhlten Tomaten innen leicht salzen und mit dem Bonitopüree füllen.

7 Die gefüllten Tomaten mit der Öffnung nach unten auf 4 Teller setzen, mit dem restlichen Petersilienöl beträufeln und mit den Chilifäden bestreuen.

T051 STEIRISCHER RINDFLEISCHSALAT MIT BOHNEN, TOMATEN UND KERNÖL

Zutaten für 4 Personen

300 g gekochtes Rindfleisch, z.B. mageres Meisel (Schulterscherzel)
300 g große weiße Bohnenkerne (aus der Dose)
4 große Tomaten
2 rote Zwiebeln
1 Bund Frühlingszwiebeln
125 ml Rindssuppe
65 ml milder Rotweinessig
1 Knoblauchzehe, zerdrückt
65 ml Kürbiskernöl
3 EL frisch geriebener Kren (Meerrettich)
Salz
frisch gemahlener Pfeffer
gehackte Blattpetersilie zum Bestreuen
frisch geriebener Kren zum Bestreuen

Zubereitungszeit: ca. 40 Minuten plus 1 Stunde Kühlzeit

1 Das Rindfleisch am besten in der Aufschnittmaschine in 2 mm dünne Scheiben schneiden. Die Scheiben in feine Streifen schneiden.

2 Die Bohnenkerne gut abtropfen lassen und mit den Rindfleischscheiben in einer Schüssel vermengen.

3 Die Tomaten waschen, halbieren, vom Stielansatz befreien und in Spalten schneiden und zu dem Fleisch und den Bohnen geben.

4 Die roten Zwiebeln schälen und in feine Ringe schneiden. Die Frühlingszwiebeln putzen und ebenfalls in feine Ringe schneiden. Beides ebenfalls in die Schüssel geben.

5 Für die Marinade die Rindssuppe mit dem Essig, dem Knoblauch und dem Kürbiskernöl in einen hohen Rührbecher geben und mit dem Stabmixer kurz durchmixen.

6 Die Marinade über den Salat geben und gut vermengen. Den frisch geriebenen Kren unterheben, mit Salz und Pfeffer abschmecken, die Schüssel abdecken und den Salat im Kühlschrank etwa 1 Stunde durchziehen lassen.

7 Den Salat auf 4 Teller verteilen und mit etwas gehackter Petersilie sowie frisch geriebenem Kren bestreuen.

Statt Rindfleisch können Sie auch kalten Braten nehmen.

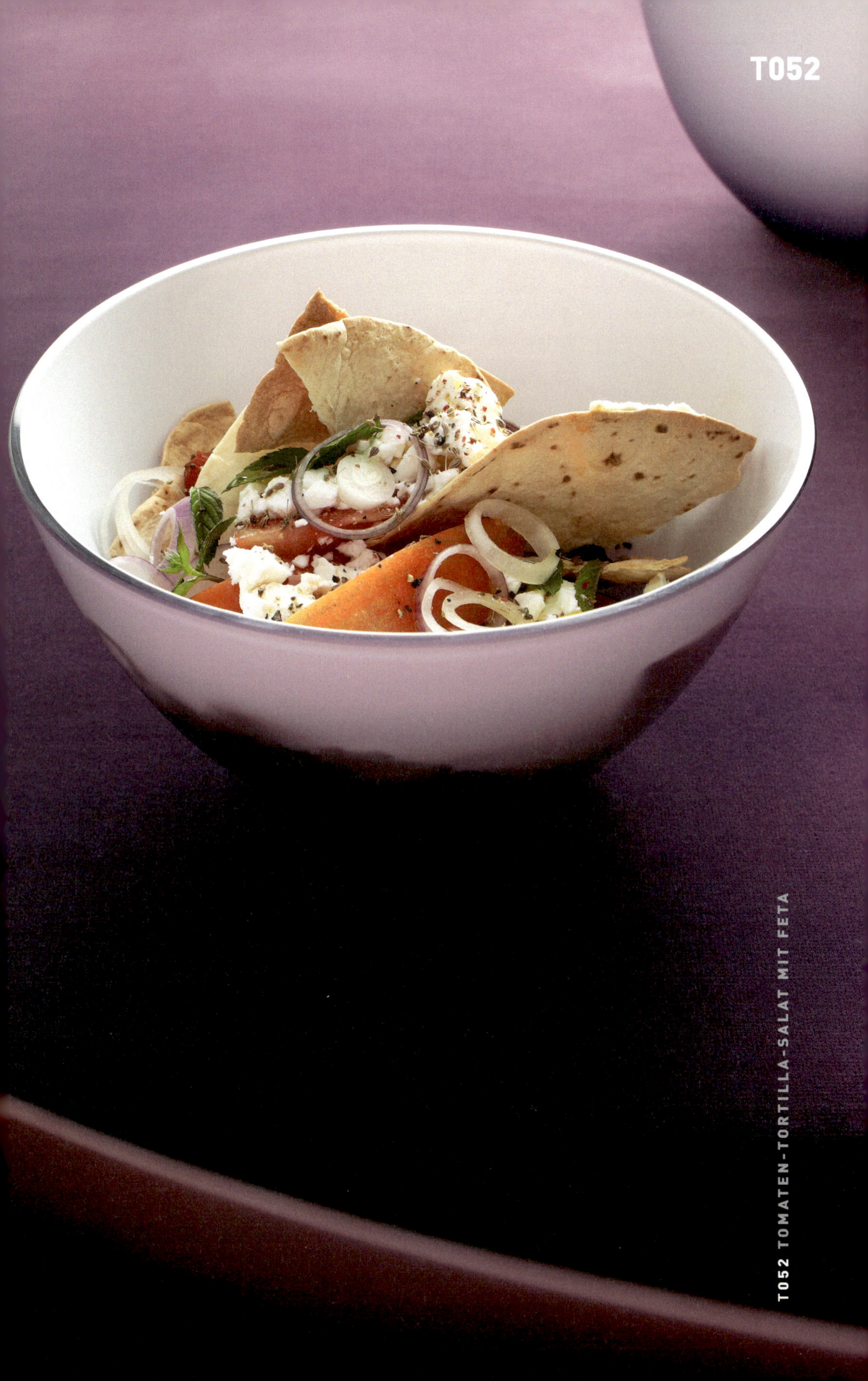

T052 TOMATEN-TORTILLA-SALAT MIT FETA

T052 TOMATEN-TORTILLA-SALAT MIT FETA

Zutaten für 4 Personen

Für den Salat

- 2 EL Olivenöl extra vergine
- 1 TL edelsüßes Paprikapulver
- 4 Tortillafladen (Fertigprodukt)
- 1 rote Zwiebel (ca. 100 g)
- 200 g gegrillte Paprika (aus dem Glas)
- 600 g bunte Tomaten

Für die Marinade

- 1 TL Kreuzkümmelsamen
- Saft von 2 Limetten
- 8 EL Olivenöl extra vergine
- Salz
- frisch gemahlener Pfeffer

Für den Feta

- 200 g Fetakäse
- 1 Handvoll Minzeblättchen

Zubereitungszeit: ca. 30 Minuten

1 Das Olivenöl mit dem Paprikapulver verrühren. Die Tortillafladen auf beiden Seiten damit bestreichen. Die bestrichenen Tortillafladen auf ein Backblech legen und im auf 200°C vorgeheizten Backofen von jeder Seite 3 Minuten knusprig aufbacken.
2 Die Zwiebel schälen und in feine Streifen schneiden.
3 Die eingelegte Paprika gut abtropfen lassen und in etwa 1 cm breite Streifen schneiden.
4 Die Tomaten waschen, vom Strunk befreien, vierteln oder achteln.
5 Die Zwiebel, die Paprika und die Tomaten in eine Schüssel geben und locker vermengen.
6 Für die Marinade den Kreuzkümmel im Mörser grob zerstoßen und mit dem Limettensaft und dem Olivenöl vermischen. Die Marinade mit Salz und Pfeffer abschmecken.
7 Die gebackenen Tortillas in Stücke brechen und mit dem Salat vermengen.
8 Die Marinade gleich über den Salat geben und vermengen.
9 Den Salat sofort auf 4 Tellern anrichten, den Feta darüber zerbröseln und mit den Minzeblättchen bestreuen.

Zutaten für 1 Tarte

Für den Teig

200 g glattes Weizenmehl (Type 405)

60 g gemahlene Mandelkerne

50 g geröstete Sesamsaat

1¼ TL Salz

2 EL Puderzucker

1 TL gemahlener Koriander

¼ TL gemahlener Zimt

130 g kalte Butter, in kleine Stücke geschnitten

2 Eigelb

2 EL kaltes Wasser

Weizenmehl und Butter für die Form

getrocknete Erbsen zum Blindbacken

Für den Belag

2 TL Sherryessig

1 TL natives Olivenöl

1 grüne Paprika (ca. 150 g)

1 Salatgurke (ca. 350 g)

6 reife grüne Tomaten (ca. 400 g)

2 Frühlingszwiebeln (nur die weißen und hellgrünen Teile)

etwas grobes Salz

frisch gemahlener Pfeffer

Für das Mandel-Rucola-Pesto

60 g blanchierte, geröstete Mandelkerne

180 g Rucola, gut gewaschen und abgetropft

1 EL gehackte Blattpetersilie

1 EL Crème fraîche

3 EL natives Olivenöl

2 TL frisch gepresster Zitronensaft

1 Knoblauchzehe, geschält

Salz

frisch gemahlener Pfeffer

Zubereitungszeit: ca. 75 bis 90 Minuten plus Kühlzeit für den Teig

1 Für den Teig das Mehl, die gemahlenen Mandeln, die Sesamsaat, das
   Salz, den Zucker, den Koriander und den Zimt in eine Schüssel geben und

gründlich verrühren. Dann die kalten Butterstückchen, die Eigelb und das kalte Wasser hinzufügen und alles rasch zu einem glatten Teig verkneten.

2 Den Teig zu einem Quadrat (15 cm Kantenlänge) ausrollen, in Frischhaltefolie wickeln und mindestens 1 Stunde (am besten jedoch über Nacht) im Kühlschrank ruhen lassen.

3 Den Teig dann auf einer bemehlten Arbeitsfläche zu einem Quadrat von 28 × 28 cm ausrollen und in eine ausgebutterte und bemehlte quadratische Tarteform (24 × 24 cm, mit abnehmbarem Boden) legen. Den Tarteboden mit einer Gabel mehrmals einstechen, dann 20 Minuten kalt stellen.

4 Den Tarteboden mit Backpapier bedecken, dieses mit getrockneten Erbsen belegen und den Tarteboden im auf 180 °C vorgeheizten Backofen etwa 15 Minuten blindbacken, bis die Tarteränder leicht bräunen. Dann die Erbsen und das Papier entfernen und den Teig weitere 12 Minuten goldbraun und knusprig backen. Die Tarteform auf ein Kuchengitter stellen und den Tarteboden vollständig abkühlen lassen, dann den Tarteboden aus der Form lösen.

5 Für den Tartebelag den Sherryessig mit dem Olivenöl zu einer Marinade verquirlen.

6 Die Paprika waschen, halbieren, von den Kernen und Scheidewänden befreien und in Würfel schneiden. Die Gurke schälen, längs halbieren, entkernen und in ½ cm dicke Scheiben schneiden. Die Tomaten waschen und vierteln. Die Frühlingszwiebeln putzen und schräg in 3 mm feine Scheiben schneiden.

7 Das Gemüse in die Marinade geben, gut vermengen, dann mit Salz und Pfeffer abschmecken.

8 Für das Mandel-Rucola-Pesto alle Zutaten in einen Mixbecher geben und mit dem Stabmixer oder in der Küchenmaschine zu einer gebundenen Paste verarbeiten. Das Pesto mit Salz und Pfeffer abschmecken.

9 Das Pesto gleichmäßig auf dem Tarteboden verteilen. Die marinierte Gemüsemischung darauf verteilen, etwa 5 Minuten ziehen lassen, in Stücke schneiden und servieren.

Behalten Sie etwas Pesto zurück, verrühren Sie es mit 1 Becher griechischem Joghurt oder Crème fraîche und servieren Sie es zu der Tarte.
Für diese Tarte brauchen Sie eine grüne Tomatensorte. Nehmen Sie keine grünen, also unreifen, roten Tomaten. Diese sind roh giftig.

T054 RÖSTTOMATEN AUF RISONI-KRÄUTER-SALAT MIT CACCIATORE

Zutaten für 4 Personen

Für die Rösttomaten

500 g kleine, gelbe Birnentomaten

2 EL Olivenöl extra vergine

fein geriebene Schale von 1 Zitrone (Bioware)

Für den Risoni-Kräuter-Salat

500 g Risoni (reisförmige Nudeln)

1 kleiner Bund Frühlingszwiebeln

125 ml Olivenöl extra vergine

50 g Blattpetersilienblättchen

50 g Basilikumblättchen

Saft von 2 Zitronen

Meersalz

frisch gemahlener Pfeffer

150 g Cacciatore (oder andere würzige Salami), fein aufgeschnitten

1 kleine rote Chilischote, fein gehackt

Zubereitungszeit: ca. 40 Minuten

1 Die Tomaten auf ein mit Backpapier bedecktes Backblech legen, mit dem Olivenöl beträufeln und mit der fein geriebenen Zitronenschale bestreuen. Die Tomaten im auf 200°C vorgeheizten Backofen 8 bis 10 Minuten braten. Dann das Backblech aus dem Ofen nehmen und die Tomaten abkühlen lassen.

2 Die Risoni in reichlich Salzwasser al dente kochen, dann abschütten, mit etwas warmem Wasser abspülen und gut abtropfen lassen.

3 Die Frühlingszwiebeln putzen, in hauchfeine Ringe schneiden, mit dem Olivenöl vermengen, leicht salzen und etwa 10 Minuten ziehen lassen.

4 Die Risoni mit der Petersilie und dem Basilikum in eine Schüssel geben. Das Olivenöl mit den Frühlingszwiebeln hinzufügen und gut durchmischen. Den Salat mit Zitronensaft, Meersalz und Pfeffer abschmecken und kurz durchziehen lassen.

5 Den Salat auf 4 Tellern mit den Rösttomaten anrichten. Die Cacciatore und die fein gehackte Chilischote darüber verteilen.

Bereiten Sie den Salat ohne die Cacciatore zu und reichen Sie ihn mit gegrilltem Fleisch.

T055 HIMBEER-TOMATEN-SORBET

MIT KARAMELLSTANGEN

T055 HIMBEER-TOMATEN-SORBET MIT KARAMELLSTANGEN

Zutaten für 4 Personen

Für das Sorbet

200 g brauner Rohrzucker

30 g Glukosepulver (Traubenzucker, erhältlich in der Apotheke)

3 Gewürznelken

6 große, reife Tomaten (ca. 800 g)

400 g frische Himbeeren

1 Vanilleschote

125 ml Prosecco

1 EL frisch gepresster Orangensaft

Für die Karamellstangen

1 Packung TK-Blätterteig (320 g)

2 Eigelb

5 EL grober Kristallzucker

etwas gemahlener Zimt

Zubereitungszeit: ca. 1 Stunde plus 2–3 Stunden Kühlzeit

1 Den Zucker mit der Glukose und 200 ml Wasser in einem Topf aufkochen, dann 8 bis 10 Minuten einreduzieren. Den Topf vom Herd nehmen, die Gewürznelken in den Sirup geben und den Sirup abkühlen lassen.

2 Die Tomaten am Stielansatz kreuzweise einschneiden.

3 Reichlich Wasser in einem großen Topf zum Kochen bringen. Die Tomaten darin portionsweise je 1 Minute blanchieren.

4 Die Tomaten aus dem Wasser nehmen, in Eiswasser abschrecken, dann häuten, vierteln, vom Stielansatz befreien, entkernen und grob schneiden.

5 Die Himbeeren durch ein feines Sieb streichen. Die Gewürznelken aus dem Sirup nehmen. Das Himbeerpüree mit den Tomaten, dem Sirup und dem ausgekratzten Vanillemark im Mixer 1 bis 2 Minuten zu einem feinen Püree verarbeiten. Das Püree 2 bis 3 Stunden im Kühlschrank erkalten lassen.

6 Den kalten Prosecco und den kalten Orangensaft in das erkaltete Püree rühren. Die Mischung in der Eismaschine ca. 35 Minuten zu einem cremigen Sorbet gefrieren lassen.

7 Für die Karamellstangen die aufgetauten Blätterteigplatten ausbreiten und mit verquirltem Eigelb bestreichen. Jede Platte in ca. 2 cm breite Streifen schneiden. Die Streifen auf ein mit Backpapier bedecktes Backblech legen, mit Zucker und Zimt bestreuen und im auf 200 °C vorgeheizten Backofen 10 Minuten goldbraun backen.

8 Das Himbeer-Tomaten-Sorbet in 4 Gläsern anrichten und mit den Karamellstangen garnieren.

T056 FRISCHER TOMATENSAFT

Ergibt 1 Glas (ca. 250 ml)

6 vollreife Tomaten (ca. 500 g)

1 EL frisch gepresster Zitronensaft

1 TL Zucker

Salz

etwas Worcestersauce (nach Belieben)

Zubereitungszeit: ca. 5 Minuten (Variante 1), 15 Minuten (Variante 2)

Variante 1

Die Tomaten von den Stielansätzen befreien, würfeln und im Entsafter zu Saft verarbeiten. Den Saft mit Zitronensaft, Zucker, Salz und Worcestersauce abschmecken.

Variante 2

Die Tomaten vierteln, von den Stielansätzen befreien, in einen hohen Rührbecher geben und mit dem Stabmixer pürieren. Das Püree durch ein feines Sieb tropfen lassen, dann das Fruchtfleisch durch das Sieb streichen und gut verrühren. Den Saft mit Zitronensaft, Zucker, Salz und Worcestersauce abschmecken.

T057 BLOODY MARY

Ergibt 1 Glas (ca. 250 ml)

2 Eiswürfel

1 Spritzer frisch gepresster Zitronensaft

1 Spritzer Tabasco

1 Spritzer Worcestersauce

50 ml Wodka

125 ml frischer Tomatensaft, gut gekühlt

Zubereitungszeit: ca. 1 Minute

Die Eiswürfel in ein hohes Glas geben. Den Zitronensaft, den Tabasco und die Worcestersauce hinzufügen, dann den Wodka darübergeben. Den Drink mit dem Tomatensaft auffüllen und mit einem langstieligen Löffel gut durchrühren.

Variante

Für eine Bloody Juanita bereiten Sie den Drink statt mit Wodka und Zitronensaft mit der gleichen Menge Tequila und Limettensaft zu.

T058 BOWLE VON GELBEN KIRSCHTOMATEN MIT ORANGEN UND INGWER

Für ca. 6 Gläser

50 g frischer Ingwer
100 g Rohrzucker
250 g kleine gelbe oder orangefarbene Kirschtomaten
5 große Orangen (ca. 1 kg)
125 ml Grand Marnier
1 Flasche Prosecco

Zubereitungszeit: ca. 30 Minuten plus Kühlzeit

1 Den Ingwer schälen, in feine Scheiben schneiden, mit dem Zucker und 500 ml Wasser in einen Topf geben und aufkochen. Die Mischung so lange köcheln lassen, bis ca. 500 ml Flüssigkeit übrig sind.

2 Die Kirschtomaten waschen und mehrmals mit einer Nadel einstechen. Die Kirschtomaten in eine Schüssel geben, mit dem lauwarmen Ingwersud übergießen, die Schüssel abdecken und die Tomaten einige Stunden ziehen lassen.

3 Die Orangen schälen, von den weißen Häutchen befreien, filetieren und zu den Tomaten geben, dann mit dem Grand Marnier aufgießen. Die Mischung mindestens 5 bis 6 Stunden (am besten über Nacht) im Kühlschrank ziehen lassen.

4 Die Bowle kurz vor dem Servieren mit dem gut gekühlten Prosecco aufgießen.

WARME
SOMMER-
GERICHTE

T061
Arme Ritter mit Parmesan-Oliven-Füllung und bunten Tomaten

T062
Sauerrahm-Tomaten-Schmarrn mit Schnittlauch-gremolata

T066
Weiße Tomatensuppe mit Estragonöl

T063
Tomatentarte Tatin mit Basilikumeis

T079 Mariniertes Huhn in Curry-Tempura mit Grapefruit-Tomaten-Chutney

T074
Safrangalette mit Zitronen-Crème-fraîche und Tomaten

T069
Ente in Sternanissuppe mit Tomatenkugeln

WARME SOMMERGERICHTE

T084

Wolfsbarsch im Tomaten-Muschel-Sud

T081

Gebratene Kalmare mit Tomaten-Reis-Füllung und karamellisierten Zitronen

T090

Makkaroni mit Tomaten-Speck-Sugo

T087

Thai-Rindfleischsalat mit Tomaten und Kaffirmarinade

T097

Süße Tomaten mit »Zwölf-Aromen-Füllung«

T091

Pizza mit Tomaten, Chorizo und Rucola

T096

Sardisches Kaninchen

Zutaten für 4 Personen

Für das Tomaten-Limetten-Öl

6 vollreife rote Tomaten (ca. 500 g), blanchiert und gehäutet

1 EL Zucker

1 EL Tomatenmark oder dick eingekochtes Tomatenpüree

20 ml trockener Wermut

100 ml Limettenöl

Salz

frisch gemahlener Pfeffer

Für die Selleriestäbchen

1 Knolle Sellerie (ca. 800 g)

Salz

2 Zitronen

80 g Parmesan, gerieben

50 g Pinienkerne, grob gehackt

3 Eier

120 g Weizenmehl (Type 405)

Butterschmalz zum Ausbacken

Zubereitungszeit: ca. 1 Stunde plus Abkühlzeit

1 Die Tomaten vierteln und entkernen, dann mit dem Zucker, dem Tomatenmark und dem Wermut in einen hohen Rührbecher geben und mit dem Stabmixer fein pürieren.

2 Die Tomatensauce in einen kleinen Topf geben und bei niedriger Temperatur leicht köchelnd um die Hälfte reduzieren. Den Topf vom Herd nehmen und die Sauce abkühlen lassen.

3 Das Limettenöl in die abgekühlte Tomatensauce rühren, mit Salz und Pfeffer abschmecken, den Topf abdecken und beiseitestellen.

4 Den Sellerie schälen und halbieren. Den Sellerie in mit Salz und dem Saft der Zitronen versehenen Wasser weich kochen. Den weichen Sellerie im Sud abkühlen lassen.

5 Den abgekühlten Sellerie aus dem Sud nehmen, gut trocken tupfen und in 2 cm dicke Scheiben schneiden. Die Selleriescheiben in 1 cm breite Stäbchen schneiden. Die Selleriestäbchen salzen.

6 Den geriebenen Parmesan und die gehackten Pinienkerne auf einem Teller vermengen.

7 Die Eier verquirlen und in einen Teller geben.

8 Das Mehl auf einen Teller geben.

9 Die Selleriestäbchen nacheinander erst in dem Mehl, dann in dem verquirlten Ei und dann in der Parmesanmischung wälzen.

10 Das Butterschmalz in einer Pfanne erhitzen und die panierten Selleriestäbchen darin bei mittlerer Temperatur ausbacken. (Vorsicht: Bei zu großer Hitze verbrennt der Parmesan sehr leicht.)

11 Die Selleriestäbchen mit dem Schaumlöffel aus dem Schmalz nehmen, auf Küchenkrepp gut abtropfen lassen und mit dem Tomaten-Limetten-Öl auf 4 Tellern anrichten.

T060 FRÜHSTÜCKSTOMATEN

Zutaten für 4 Personen

4 rote Fleischtomaten (à ca. 150 g)
20 g Butter
etwas Kräutersalz
2 EL Olivenöl extra vergine
Butter für die Form
4 Eier
8 Scheiben Hamburger Speck (Frühstücksspeck), dünn aufgeschnitten

Zubereitungszeit: ca. 40 Minuten

1 Die Tomaten waschen und gründlich abtrocknen. Von jeder Tomate am Stielansatz einen Deckel abschneiden und die Tomaten mit einem Teelöffel aushöhlen.

2 Jede Tomate mit einem Stückchen Butter (5 g) füllen und mit etwas Kräutersalz ausstreuen.

3 Eine Auflaufform mit 1 EL Olivenöl und etwas Butter auspinseln. Die Tomaten in die Form stellen. Jedes Ei einzeln in eine Tasse aufschlagen und vorsichtig in eine Tomate gleiten lassen.

4 Die Tomaten etwa 30 Minuten im auf 180°C vorgeheizten Backofen braten, bis die Eier stocken.

5 1 EL Olivenöl in einer Pfanne erhitzen und den Speck darin knusprig braten.

6 Je 2 Scheiben Speck mit 1 Tomate auf 4 Tellern anrichten, nach Belieben salzen und servieren.

Füllen Sie vor dem Ei etwas geriebenen Parmesan oder 1 Stück Blauschimmelkäse in die Tomaten.

Zutaten für 4 Personen

100 g Tapenade (Olivenpaste, erhältlich im gut sortierten Supermarkt)
2 EL frisch geriebener Parmesan
2 EL fein gehackte Blattpetersilie
8 Scheiben Toastbrot
3 Eier
250 ml Milch
Salz
Butterschmalz zum Ausbacken
1 kg bunte Tomaten
Meersalz zum Bestreuen
4 EL Olivenöl extra vergine
Saft von ½ Zitrone
einige Minzeblättchen

Zubereitungszeit: ca. 30-40 Minuten

1 Die Tapenade in eine kleine Schüssel geben und mit dem Parmesan und der Petersilie zu einer Creme rühren.

2 Die Oliven-Parmesan-Creme auf 4 Toastbrotscheiben streichen, dabei ringsum einen kleinen Rand frei lassen. Auf jede bestrichene Scheibe eine unbestrichene Scheibe legen. Diese »Armen Ritter« mit den Handflächen leicht zusammendrücken.

3 Die Eier mit der Milch verquirlen und leicht salzen. Die Mischung in einen tiefen Teller geben.

4 Die gefüllten »Armen Ritter« nacheinander in der Ei-Milch-Mischung wenden und kurz darin liegen lassen, bis sich das Brot vollgesaugt hat.

5 Das Butterschmalz in einer großen Pfanne erhitzen und die »Armen Ritter« darin von jeder Seite 3 bis 4 Minuten knusprig ausbacken, dann herausnehmen und auf Küchenkrepp abtropfen lassen.

6 Die Tomaten waschen, vom Stielansatz befreien, in Scheiben schneiden oder vierteln und auf eine Servierplatte legen. Die Tomaten mit Meersalz bestreuen, mit dem Olivenöl und dem Zitronensaft beträufeln und mit den gezupften Minzeblättchen garnieren.

7 Die »Armen Ritter« vierteln oder diagonal halbieren und mit den Tomaten servieren.

Für 4 bzw. 2 Personen (Vor- bzw. Hauptspeise)

Für den Sauerrahm-Tomaten-Schmarrn

350 g rote Kirschtomaten

4 EL Olivenöl extra vergine

4 Knoblauchzehen, fein gehackt

1 Prise brauner Rohrzucker

60 g Butter

Salz

frisch gemahlener Pfeffer

200 g Sauerrahm

5 Eigelb

3 EL glattes Weizenmehl (Type 405)

1 Msp. fein geriebene Zitronenschale (Bioware)

5 Eiweiß

Für die Gremolata

6 EL Schnittlauchröllchen

4 EL Olivenöl extra vergine

1 Msp. fein geriebene Zitronenschale (Bioware)

2 EL frisch gepresster Zitronensaft

Salz

frisch gemahlener Pfeffer

½ TL Chili- oder Tabascosauce

Zubereitungszeit: ca. 40 Minuten

1 Die Kirschtomaten waschen und halbieren.

2 Das Olivenöl in einer großen, beschichteten, ofenfesten Pfanne erhitzen und den Knoblauch darin anschwitzen. Die Tomaten hinzufügen und den Zucker darüberstreuen, alles 1 bis 2 Minuten weiterbraten. Die Pfanne vom Herd nehmen und 50 g Butterwürfel in die Tomatenmischung rühren. Mit Salz und Pfeffer abschmecken.

3 Den Sauerrahm mit den Eigelb und dem Mehl in eine Schüssel geben und glatt rühren.

4 Die restliche Butter (10 g) in einem kleinen Topf zerlassen und in den Teig rühren. Mit Salz, Pfeffer und Zitronenschale würzen.

5 Die Eiweiß zu steifem Schnee schlagen und locker unter den Teig ziehen.

6 Den Schmarrnteig über die Tomatenmischung in der Pfanne geben. Die Pfanne zurück auf den Herd stellen und den Schmarrn 2 bis 3 Minuten anbacken.

T062 SAUERRAHM-TOMATEN-SCHMARRN
MIT SCHNITTLAUCHGREMOLATA

7 Den Schmarrn im auf 170 °C vorgeheizten Backofen etwa 20 Minuten fertig backen.

8 Für die Schnittlauchgremolata die Schnittlauchröllchen mit dem Olivenöl, dem Zitronenabrieb und dem Zitronensaft verrühren. Die Gremolata mit Salz, Pfeffer und Chilisauce abschmecken.

9 Den Schmarrn aus dem Ofen nehmen und mithilfe eines Esslöffels Nocken davon abstechen. Die Nocken in tiefe Teller geben und mit der Gremolata anrichten.

T063 TOMATENTARTE TATIN MIT BASILIKUMEIS

Zutaten für 4 Personen

700 g gut reife rote Eiertomaten

4 EL Olivenöl extra vergine

3 EL Mandelblättchen

3 EL brauner Rohrzucker

3 Knoblauchzehen, fein gehackt

Salz

1 große rechteckige Platte Blätterteig (270 g)

20 g Basilikumblätter

400 ml Vanilleeis

Zubereitungszeit: ca. 90 Minuten

1 Die Tomaten waschen, halbieren und vom Stielansatz befreien. Die Kerne mit der Hand leicht herausdrücken.

2 Eine Tarteform (25 cm Durchmesser) mit 3 EL Olivenöl auspinseln. Die Mandelblättchen und 2 EL braunen Zucker hineinstreuen.

3 Die Tomaten mit der Schnittfläche nach oben dicht in die Tarteform schichten und mit dem Knoblauch und etwas Salz bestreuen.

4 Den gut gekühlten Blätterteig längs zusammenklappen, auf Backpapier legen und auf Größe der Tarteform ausrollen.

5 Den Blätterteig auf die Tomaten legen, mit den Handflächen gut andrücken und mit einer Gabel mehrmals einstechen.

6 Die Tarte im auf 200 °C vorgeheizten Backofen auf mittlerer Schiene etwa 50 Minuten backen.

7 Das Basilikum grob hacken, mit 2 EL heißem Wasser, 1 EL Olivenöl und 1 EL Zucker in einen hohen Rührbecher geben und mit dem Stabmixer fein pürieren.

8 Das leicht angetaute Vanilleeis in eine Schüssel geben, mit einer Gabel auflockern, dann grob mit dem Basilikumpüree vermengen und erneut tiefkühlen.

9 Die fertig gebackene Tarte aus dem Ofen nehmen, 6 bis 7 Minuten abkühlen lassen und aus der Form auf eine Servierplatte stürzen.

10 Die lauwarme Tarte in Stücke schneiden und mit dem Basilikumeis servieren.

Zutaten für 4 Personen

Für das Minzepesto

2 EL Pinienkerne

1 Knoblauchzehe

2 Handvoll Minzeblättchen

80 ml Olivenöl extra vergine

1 TL Honig

1 EL frisch gepresster Zitronensaft

Salz

frisch gemahlener Pfeffer

Für die Schmortomatensuppe

1,5 kg vollreife rote Tomaten

1 rote Paprikaschote

2 EL Olivenöl extra vergine

750 ml Gemüse- oder Hühnerbrühe

1 TL brauner Rohrzucker

Salz

frisch gemahlener Pfeffer

Zubereitungszeit: ca. 50-60 Minuten

1 Für das Minzepesto eine Pfanne ohne Fettzugabe erhitzen und die Pinienkerne darin anrösten, dann herausnehmen und abkühlen lassen.

2 Den Knoblauch schälen und grob hacken.

3 Die Minzeblättchen grob hacken und mit den Pinienkernen, dem Knoblauch, dem Olivenöl und 1 EL heißem Wasser in einen hohen Rührbecher geben und mit dem Stabmixer fein pürieren. Das Pesto mit dem Honig, dem Zitronensaft, Salz und Pfeffer abschmecken und kalt stellen.

4 Die Tomaten halbieren und mit den Schnittflächen nach unten auf ein Backblech legen.

5 Die Paprika putzen, halbieren, von den Kernen und Scheidewänden befreien und grob schneiden. Die Paprikastücke zu den Tomaten auf das Backblech legen. Die Paprika und Tomaten mit dem Olivenöl beträufeln und mit Salz bestreuen, dann im auf 200°C vorgeheizten Backofen etwa 30 Minuten braten.

6 Das gebratene Gemüse mit dem ausgetretenen Saft im Mixer fein pürieren.

7 Die Gemüse- bzw. Hühnerbrühe mit dem Püree in einen Topf geben und aufkochen. Die Suppe mit dem Zucker, Salz und Pfeffer abschmecken und 3 bis 4 Minuten köcheln lassen.

8 Die Suppe in 4 tiefe Teller schöpfen und mit dem Minzepesto servieren.

Zutaten für 4 Personen

500 ml Gemüsebrühe
6 Pfefferkörner
½ TL Kreuzkümmelsamen
1–2 Chilischoten
500 g vollreife rote Tomaten, blanchiert und gehäutet
1 Dose Kokosmilch
Salz
frisch gemahlener Pfeffer
Koriandergrün zum Bestreuen

Zubereitungszeit: ca. 30 Minuten

1 Die Gemüsebrühe mit den Pfefferkörnern und den Kreuzkümmelsamen in einen Topf geben, aufkochen und 2 bis 3 Minuten kochen lassen. Dann den Topf vom Herd nehmen.

2 Die Chilischoten längs halbieren, entkernen, grob hacken und in die Brühe geben.

3 Die Tomaten halbieren, vom Stielansatz befreien und in Würfel schneiden. Die Tomatenwürfel in die Suppe geben und die Suppe bei geringer Temperatur 10 Minuten köcheln lassen.

4 Den Topf vom Herd nehmen, die Kokosmilch in die Suppe rühren und die Suppe in einen hohen Rührbecher geben. Die Suppe mit dem Stabmixer fein pürieren und zurück in den Topf geben.

5 Die Suppe nochmals langsam erhitzen, aber nicht aufkochen, dann mit Salz und Pfeffer abschmecken.

6 Die Suppe in 4 Suppenschalen schöpfen und mit gehacktem Koriandergrün bestreuen.

T066 **WEISSE TOMATENSUPPE MIT ESTRAGONÖL**

Zutaten für 4 Personen

Für das Estragonöl

20 g Estragonblättchen
100 ml Olivenöl extra vergine

Für die Suppe

1 kg vollreife Tomaten
5 Schalotten (ca. 80 g)
1 Knoblauchzehe
20 g Butter

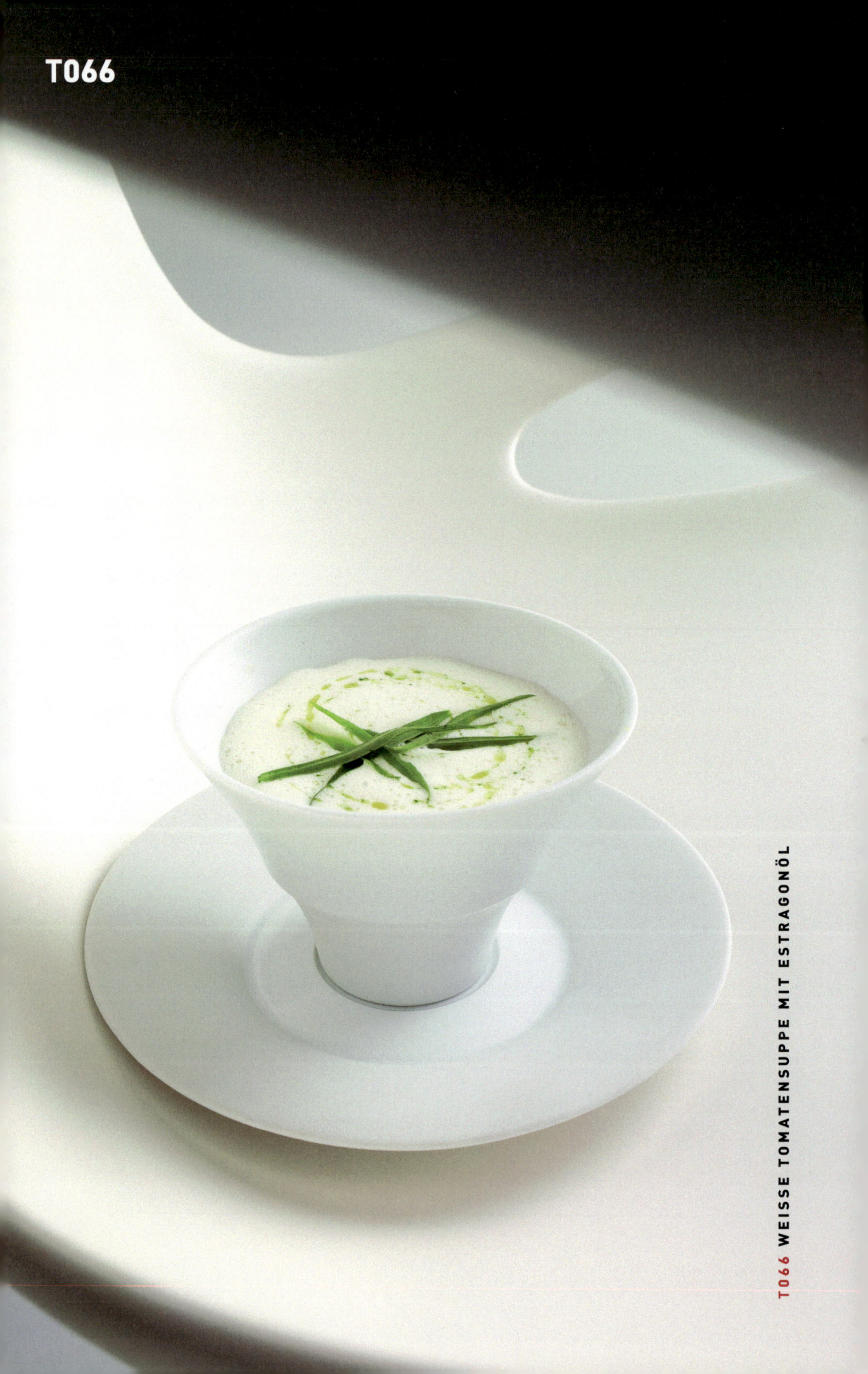

T066 WEISSE TOMATENSUPPE MIT ESTRAGONÖL

700 ml Gemüsebrühe
125 ml Sahne
3 EL Crème fraîche
1 Msp. fein geriebene Orangenschale (Bioware)
Salz
frisch gemahlener Pfeffer
einige Estragonblättchen zum Garnieren

Zubereitungszeit: ca. 50 Minuten

1 Für das Estragonöl die Estragonblättchen mit kochendem Wasser übergießen, einige Sekunden ziehen lassen, dann kalt abschrecken, abtropfen lassen, trocken tupfen und mit dem Olivenöl in einen Rührbecher geben. Mit dem Stabmixer fein pürieren.

2 Die Tomaten waschen, vom Stielansatz befreien und in kleine Würfel schneiden.

3 Die Schalotten und den Knoblauch schälen und fein hacken.

4 Die Butter in einem Topf aufschäumen. Die Schalotten und den Knoblauch darin kurz anschwitzen, dann die Tomatenwürfel hinzufügen und mit der Gemüsebrühe auffüllen. Die Suppe bei geringer Temperatur 15 bis 20 Minuten köcheln lassen.

5 Die Suppe in ein mit Küchenkrepp oder einem Kaffeefilter ausgelegtes Sieb geben und langsam in eine Schüssel tropfen lassen - dadurch wird die Suppe klar.

6 Die klare Tomatensuppe nochmals aufkochen und 4 bis 5 Minuten köcheln lassen, dann die Sahne und die Crème fraîche zufügen. Die Suppe mit dem Orangenabrieb, Salz und Pfeffer abschmecken, dann mit dem Stabmixer aufschäumen.

7 Die Suppe in 4 tiefen Tellern anrichten, mit dem Estragonöl beträufeln und mit den Estragonblättchen garnieren.

T067 ZUCCHINI-TOMATEN-MUS MIT FRITTIERTEN SPROTTEN

Zutaten für 4 Personen

Für das Zucchini-Tomaten-Mus

1 Zucchini (ca. 150 g)
1 kleine Zwiebel
2 EL Olivenöl extra vergine
1 große Fleischtomate, blanchiert und gehäutet
½ TL getrockneter Oregano
3 Blatt weiße Gelatine
200 g Ricotta
Salz

frisch gemahlener Pfeffer

125 ml Schlagsahne, geschlagen

Für die frittierten Sprotten

300 g frische Sprotten oder Sardinen

Meersalz

Weizenmehl zum Wenden

neutrales Pflanzenöl zum Ausbacken

Zum Anrichten

Olivenöl extra vergine

gemischte Kräuter

Zubereitungszeit: ca. 50-60 Minuten plus 4-5 Stunden Kühlzeit

1 Die Zucchini waschen und grob raspeln. Die Zwiebel schälen und in kleine Würfel schneiden.

2 Das Olivenöl in einer Pfanne erhitzen und die Zwiebeln darin anschwitzen. Die Zucchini hinzufügen und dünsten, bis alle Flüssigkeit verkocht ist. Dann die Pfanne vom Herd nehmen.

3 Die Tomate halbieren, entkernen und klein würfeln. Die Tomatenwürfel zu den lauwarmen Zucchini geben und den Oregano hineinrühren. Die Mischung rasch abkühlen lassen.

4 Die Gelatine in kaltem Wasser einweichen.

5 Den Ricotta unter die Zucchini-Tomaten-Mischung heben und alles mit Salz und Pfeffer abschmecken.

6 Die eingeweichte Gelatine gut ausdrücken, in einen kleinen Topf geben und bei geringer Temperatur erwärmen. Sobald sich die Gelatine aufgelöst hat, 2-3 EL des Tomaten-Zucchini-Muses hinzufügen und gut verrühren. Dann die Gelatinemischung in das restliche Tomaten-Zucchini-Mus rühren.

7 Die geschlagene Sahne unter das Mus ziehen. Das Mus in kleine, mit kaltem Wasser ausgespülte Förmchen füllen und 4 bis 5 Stunden im Kühlschrank erkalten lassen.

8 Die Sprotten waschen, gründlich trocken tupfen und mit Salz bestreuen, dann in dem Mehl wenden.

9 Das Pflanzenöl in einem Topf erhitzen. Die Sprotten darin ausbacken. Die frittierten Sprotten mit dem Schaumlöffel aus dem Topf heben und auf Küchenkrepp abtropfen lassen.

10 Das Zucchini-Tomaten-Mus aus den Förmchen stürzen und mit den frittierten Sprotten anrichten. Mit Olivenöl beträufeln und nach Belieben mit frischen Kräutern garnieren.

T068 MARINIERTE SCHEIBEN VOM KALBSFILET MIT TOMATEN UND PESTO

Zutaten für 4 Personen

Für das Pesto

10 g Blattpetersilienblättchen

10 g Basilikumblättchen

2 EL Pinienkerne

65 ml Olivenöl extra vergine

Salz

frisch gemahlener Pfeffer

Zum Nachwürzen des Pestos

etwas gehackter Knoblauch

etwas frisch geriebene Zitronenschale

Salz

frisch gemahlener Pfeffer

Für das Kalbsfilet mit Tomaten

600 g küchenfertiges Kalbsfilet

6 vollreife ovale Tomaten (ca. 400 g)

Salz

3–4 EL Olivenöl

12 schwarze Oliven, entsteint

80 g frischer Parmesan (im Ganzen)

Salz

frisch gemahlener Pfeffer

Zubereitungszeit: ca. 30 Minuten

1 Für das Pesto die Petersilie, das Basilikum und die Pinienkerne mit der Hälfte des Olivenöls in einen hohen Rührbecher geben und mit dem Stabmixer fein pürieren. Das Pesto mit Salz und Pfeffer abschmecken.

2 Das Kalbsfilet mit der Hälfte des Pestos bestreichen, in Frischhaltefolie wickeln und 2 bis 3 Stunden im Tiefkühlfach anfrieren.

3 Das restliche Pesto mit dem restlichen Olivenöl glatt rühren und nach Belieben mit etwas Knoblauch, geriebener Zitronenschale, Salz und Pfeffer nachwürzen.

4 Die Tomaten waschen und mit einem scharfen Messer in sehr dünne Scheiben schneiden.

5 Auf 4 Tellern einen Spiegel aus Pesto streichen, dabei etwas Pesto zurückbehalten. Die Tomatenscheiben auf das Pesto legen und leicht salzen.

6 Das angefrorene Kalbsfilet aus der Folie wickeln und mit einem scharfen Messer oder auf der Schneidemaschine in 1–2 mm dünne Scheiben schneiden. Die Fleischscheiben auf den Tomatenscheiben verteilen und mit etwas Olivenöl beträufeln.

7 Die Oliven längs in Spalten schneiden und über das Kalbfleisch streuen. Das restliche Pesto darüber verteilen.

8 Vom Parmesan mit dem Sparschäler dünne Späne abhobeln. Die Parmesanspäne über die Pestoschicht streuen. Alles nochmals mit etwas Salz und Pfeffer bestreuen.

T069 ENTE IN STERNANISSUPPE MIT TOMATENKUGELN

Zutaten für 4 Personen

1 Entenbrust (mit Haut, ca. 400 g)
1 l Hühnerbrühe
2 Sternanis
1 Zimtstange
30 g frischer Ingwer, geschält
120 g Brokkoli
100 g Shiitakepilze
250 g Kirschtomaten
4 EL Sesamöl
300 g Udonnudeln (japanische Weizennudeln, erhältlich im Asialaden)
Salz
Sojasauce
2 Frühlingszwiebeln, fein geschnitten oder 2 EL Schnittlauchröllchen
etwas schwarze Sesamsaat zum Bestreuen

Zubereitungszeit: ca. 75 Minuten

1 Die Entenbrust ca. 30 Minuten vor der Zubereitung aus dem Kühlschrank nehmen.

2 Die Hühnerbrühe mit dem Sternanis, der Zimtstange und dem ganzen Ingwer in einen Topf geben und aufkochen. Die Entenbrust in die Suppe geben und etwa 30 Minuten bei niedriger Temperatur gar ziehen lassen. Die gare Entenbrust aus der Brühe nehmen und gut abtropfen lassen.

3 Den Brokkoli in kleine Röschen teilen, diese in die Brühe geben und 10 Minuten darin ziehen lassen.

4 Die Shiitakepilze putzen, halbieren, ebenfalls in die Brühe geben und weitere 5 Minuten ziehen lassen.

5 Die Kirschtomaten mit kochendem Wasser überbrühen, kurz im Wasser ziehen lassen, dann kalt abschrecken und häuten.

6 2 EL Sesamöl in einer Pfanne erhitzen. Die Entenbrust darin mit der Haut nach unten 6 Minuten knusprig braten.

7 Die Udonnudeln in die Suppe geben und 1 bis 2 Minuten darin ziehen, aber nicht kochen lassen.

8 Die Zimtstange aus der Suppe nehmen, die Suppe aufkochen und mit Salz und Sojasauce abschmecken.

9 Die Entenbrust in 1 cm große Würfel schneiden und mit den Kirschtomaten in 4 tiefe Suppenschalen geben. Jede Schale mit der heißen Suppe und dem Gemüse auffüllen, mit geschnittenen Frühlingszwiebeln oder Schnittlauchröllchen bestreuen und mit je ½ EL Sesamöl beträufeln. Zum Schluss die schwarze Sesamsaat darüberstreuen.

T070 ALMKÄSEFLADEN MIT TOMATEN UND KARAMELLISIERTEN ZWIEBELN

Zutaten für 4 Personen

Für den Fladenteig

30 g frische Hefe

1 TL Honig

350 g griffiges Weizenmehl (Type 405)

1 TL Salz

120 ml Milch

80 g Butter

1 Ei

Weizenmehl zum Ausarbeiten

Für die karamellisierten Zwiebeln

2 große Gemüsezwiebeln (ca. 400 g)

4 EL brauner Rohrzucker

Für den Fladenbelag

500 g geriebener Almkäse (z.B. milder Bergkäse)

450 ml Sauerrahm

125 ml Milch

4 Eier

2 EL griffiges Weizenmehl (Type 405)

Salz

frisch gemahlener Pfeffer

300 g bunte Tomaten

2 Zweige Rosmarin

Zubereitungszeit: ca. 75 Minuten

1 Die Hefe in einer kleinen Schüssel zerbröseln. Den Honig hinzufügen und rühren, bis sich die Hefe aufgelöst hat.

2 Das Mehl mit dem Salz in die Mitte einer Rührschüssel sieben und die Hefe-Honig-Mischung hinzufügen.

3 Die Milch in einem kleinen Topf leicht erwärmen und die Butter darin zerlassen. Diese Mischung mit dem Ei in die Schüssel mit der Mehl-Hefe-Mischung geben und in der Küchenmaschine (Knethaken) 5 bis 7 Minuten zu einem gebundenen Teig verarbeiten. Die Schüssel abdecken und den Teig an einem warmen Ort 30 Minuten gehen lassen.

4 Für die karamellisierten Zwiebeln die Zwiebeln schälen und in feine Ringe schneiden. Die Zwiebelringe mit dem Zucker und 500 ml Wasser in einen Topf geben und so lange köcheln, bis die Flüssigkeit verkocht ist und die Zwiebeln leicht gebräunt sind.

5 Den Hefeteig auf einer bemehlten Arbeitsfläche durchkneten, dann auf die Größe eines Backblechs ausrollen.

6 Ein tiefes Backblech leicht mit Butter einfetten, den Teig hineinlegen und mit den Handflächen flach drücken. Die karamellisierten Zwiebeln auf dem Teig verteilen.

7 Für den Belag den Käse, den Sauerrahm, die Milch, die Eier und das Mehl in eine Schüssel geben und gründlich vermengen. Die Füllung mit Salz und Pfeffer abschmecken und über die Zwiebeln geben.

8 Die Tomaten waschen, vom Stielansatz befreien und in ca. 1 cm dicke Scheiben schneiden. Die Tomatenscheiben auf der Almkäsefüllung verteilen. Die gezupften Rosmarinnadeln darübergeben.

9 Den Fladen im auf 200°C vorgeheizten Backofen auf der mittleren Schiene etwa 30 Minuten backen, dann aus dem Ofen nehmen und leicht abkühlen lassen. Den Fladen in Stücke schneiden und lauwarm mit einem Glas Rotwein servieren.

T071 DOLCE-LATTE-OMELETTE MIT SALBEITOMATEN

Zutaten für 4 Personen

Für die Salbeitomaten

250 g Kirschtomaten

2 EL Olivenöl extra vergine

4 Blätter Salbei

1 TL Kristallzucker

Salz

frisch gemahlener Pfeffer

Für das Omelette

3 Eier

2 EL Mineralwasser

1 EL Stärkemehl

Salz
frisch gemahlener Pfeffer
1 Prise Cayennepfeffer
1 EL Butter
80 g Dolce Latte (sehr milder Gorgonzola)

Zubereitungszeit: ca. 20 Minuten

1 Die Kirschtomaten waschen und halbieren.
2 Das Olivenöl in einer großen Pfanne erhitzen und die Salbeiblätter darin 1 bis 2 Minuten anbraten. Die Tomaten in die Pfanne geben, mit dem Zucker bestreuen, mit Salz und Pfeffer würzen und bei niedriger Temperatur 4 bis 5 Minuten schmurgeln lassen. Dann die Pfanne vom Herd nehmen und beiseitestellen.
3 Für das Omelette die Eier in einer Schüssel mit dem Mineralwasser und dem Stärkemehl verquirlen. Den Omeletteteig mit Salz, Pfeffer und Cayennepfeffer abschmecken.
4 Die Butter in einer beschichteten Pfanne zerlassen und den Omeletteteig hineingeben.
5 Den Dolce Latte grob zerbröseln und über das flüssige Omelette geben. Das Omelette bei niedriger Temperatur etwa 5 bis 6 Minuten stocken lassen.
6 Das Omelette mit einem Pfannenwender zusammenklappen, auf einen großen Teller gleiten lassen, die Salbeitomaten darauf verteilen und servieren.

Wenn Sie ein kräftigeres Omelette haben wollen, verwenden Sie statt Dolce Latte Roquefort oder kräftigen Gorgonzola.

T072 PASTA MIT TOMATEN UND ROSINEN

Zutaten für 4 Personen

1 kleine Fenchelknolle (ca. 200 g)
2 Knoblauchzehen
4 EL Olivenöl extra vergine
1 TL Fenchelsamen
Salz
500 g Kirschtomaten
1 Döschen Safran
125 ml trockener Weißwein
1 Chilischote
2 EL Rosinen
3 EL gehackte Blattpetersilie
2 EL schwarze Oliven, entsteint
500 g Pasta (z.B. Spaghetti)
Olivenöl extra vergine zum Beträufeln

Zubereitungszeit: ca. 35 Minuten

1 Die Fenchelknolle putzen, halbieren und in feine Streifen schneiden.

2 Den Knoblauch schälen und in feine Scheiben schneiden.

3 Das Olivenöl bei mittlerer Temperatur in einer großen Pfanne erhitzen. Den Knoblauch und die Fenchelsamen darin kurz mitbraten, dann den Fenchel hinzufügen, leicht mit Salz bestreuen und alles ca. 10 Minuten schmurgeln lassen.

4 Die Tomaten waschen, halbieren, in die Pfanne geben und kurz anbraten. Dann den Safran hinzufügen und alles mit dem Weißwein aufgießen.

5 Die Chilischote fein hacken und mit den Rosinen in die Sauce rühren. Die Sauce weitere 5 bis 6 Minuten köcheln lassen. Bei Bedarf etwas Wasser hinzufügen.

6 Die Sauce mit Salz und Pfeffer abschmecken, dann die Petersilie und die Oliven hineinrühren.

7 Die Pasta nach Packungsanleitung in reichlich Salzwasser al dente kochen, dann abschütten und gründlich mit der Tomatensauce vermengen. Bei Bedarf erneut mit Salz und Pfeffer abschmecken.

8 Die Pasta in 4 tiefen Tellern anrichten, mit dem Olivenöl beträufeln und servieren.

Belegen Sie die heiße Pasta mit 1 bis 2 Scheiben Ziegenfrischkäse oder italienischem Caprino di latte vaccino.

T073 BRANDTEIG-PETERSILIEN-GNOCCHI MIT ROHER TOMATENSAUCE

Zutaten für 4 Personen

Für die Tomatensauce

500 g Kirschtomaten

2 EL Zucker

125 ml Olivenöl extra vergine

Salz

frisch gemahlener Pfeffer

Für die Brandteig-Petersilien-Gnocchi

1 Bund krause Petersilie

2 EL Olivenöl extra vergine

1 EL Tiefkühlspinat, aufgetaut, passiert und gut abgetropft

1 TL Salz

150 g gesalzene Butter

300 g Weizenmehl (Type 405)

3 EL frisch geriebener Parmesan

6 Eier
etwas Weizengrieß für das Backblech
Olivenöl extra vergine zum Beträufeln
etwas frisch geriebener Parmesan zum Bestreuen

Zubereitungszeit: ca. 70 Minuten

1 Für die rohe Tomatensauce die Kirschtomaten vierteln, in eine Schüssel geben und mit dem Zucker und dem Olivenöl vermengen. Mit Salz und Pfeffer bestreuen, die Schüssel abdecken und die Tomaten bei Zimmertemperatur 1 Stunde ziehen lassen.

2 Für die Gnocchi die Blättchen von der Petersilie zupfen. Die Blättchen mit kochendem Wasser übergießen, kurz im Wasser ziehen lassen, dann abschütten, kalt abschrecken und trocken tupfen. Die Petersilie mit dem Olivenöl und dem Spinat in einen hohen Rührbecher geben und mit dem Stabmixer fein pürieren.

3 500 ml Wasser mit 1 TL Salz in einen großen Topf geben und aufkochen.

4 Die Butter in Stücke schneiden, in das heiße Wasser geben, schmelzen lassen und erneut aufkochen. Dann das Petersilien-Spinat-Püree hinzufügen.

5 Das Mehl auf einmal hinzufügen und die Mischung mit einem Holzkochlöffel so lange kräftig rühren, bis sich der Teig als Kloß vom Topfboden löst und sich am Topfboden eine weiße Schicht bildet.

6 Den Topf vom Herd nehmen, kurz abkühlen lassen, dann mit dem Handrührgerät (Knethaken) nach und nach den Parmesan und die Eier hineinkneten.

7 Den Brandteig in einen Spritzbeutel mit großer glatter Tülle füllen (Nr. 11).

8 Ein Backblech mit Backpapier bedecken und mit Grieß bestreuen. Den Gnocchiteig längs in langen Strängen aufspritzen.

9 Die Gnocchistränge mit einem befeuchteten Messer in etwa 3 cm lange Stücke schneiden.

10 In einem großen Topf reichlich Salzwasser aufkochen. Die Gnocchi in das kochende Wasser gleiten lassen (dabei eventuell mit einem Teigschaber nachhelfen) und aufkochen. Die Temperatur reduzieren und die Gnocchi 2 bis 3 Minuten ziehen lassen.

11 Die garen Gnocchi mit einem Schaumlöffel aus dem Wasser nehmen und in 4 tiefen Pastatellern anrichten. Die Gnocchi mit etwas Olivenöl beträufeln, mit etwas geriebenem Parmesan bestreuen und die rohe Tomatensauce darübergeben. Nach Belieben mit Pfeffer aus der Mühle würzen.

T074 SAFRANGALETTE MIT ZITRONEN-CRÈME-FRAÎCHE UND TOMATEN

Zutaten für 4 Personen

Für den Galetteteig

1 Döschen Safran

2 Eier

250 ml Milch

½ TL Salz

60 g glattes Weizenmehl (Type 405)

2 EL Buchweizenmehl

1 TL Koriandersamen, grob zerstoßen

Für den Galettebelag

400 g Kirschtomaten

2 EL Olivenöl extra vergine

1 TL brauner Rohrzucker

Salz

frisch gemahlener Pfeffer

Für die Zitronen-Crème-fraîche

300 g Crème fraîche

fein geriebene Schale von ½ Zitrone (Bioware)

3 EL Olivenöl extra vergine

Salz

frisch gemahlener Pfeffer

Zum Ausbacken und Garnieren

Sonnenblumenöl

gemischte Kräuter und Kräuterblüten

Zubereitungszeit: ca. 40 Minuten

1 Den Safran mit 3 EL heißem Wasser übergießen und 5 Minuten ziehen lassen.

2 Die Eier in einer Schüssel mit der Milch, dem Safranwasser und dem Salz verquirlen. Das Weizenmehl, das Buchweizenmehl und den Koriander hinzufügen. Alles zu einem glatten Teig verrühren. Den Teig 10 Minuten ruhen lassen.

3 Die Kirschtomaten waschen und halbieren.

4 Das Olivenöl in einer Pfanne erhitzen, den Zucker hinzufügen und leicht karamellisieren. Dann die Kirschtomaten in die Pfanne geben, salzen, pfeffern und 1 bis 2 Minuten anbraten. Die Pfanne abdecken und vom Herd nehmen.

5 Die Crème fraîche mit dem Zitronenabrieb und dem Olivenöl glatt rühren. Die Zitronen-Crème-fraîche mit Salz und Pfeffer abschmecken.

6 Etwas Sonnenblumenöl in einer Pfanne erhitzen und nacheinander 8 dünne Galettes darin ausbacken.

7 Die Galettes mit je 1 EL Zitronen-Crème-fraîche bestreichen, 1 EL geschmorte Kirschtomaten darübergeben. Jede Galette zu einem rechteckigen Päckchen klappen.

8 Je 2 Galettes auf 1 Teller geben. Mit der restlichen Crème fraîche und den restlichen Kirschtomaten bedecken und mit frischen Kräutern und Kräuterblüten garnieren.

Galettes sind Buchweizenpfannkuchen aus der Bretagne. Traditionell werden sie nur mit Buchweizenmehl zubereitet.

T075 MIT SOMMERGEMÜSE GEFÜLLTE SCHMORTOMATEN

Zutaten für 4 Personen

Für die Tomatensauce

6 reife Tomaten (ca. 500 g)

3 EL Olivenöl extra vergine

1 mittelgroße Zwiebel, fein gehackt

2 Knoblauchzehen, fein gehackt

3 EL dick eingekochtes Tomatenpüree oder

Tomatenmark (oder 4 EL Tomatenconfit, siehe Rezept Seite 60)

2 Zweige Thymian

Salz

frisch gemahlener Pfeffer

½ TL Zucker

Für die Schmortomaten

1 Karotte (ca. 120 g)

1 Stange Staudensellerie (ca. 100 g)

1 Zucchini (ca. 150 g)

4 große reife Tomaten

20 g Butter

1 Zwiebel, fein gehackt

1 TL frisch gehackter Thymian

1 frisches Lorbeerblatt

100 g Risottoreis

400 ml Hühnerbrühe

2 EL Sahne

85 g Gruyère (Schweizer Hartkäse), grob gerieben

1 EL natives Olivenöl

T076

Zubereitungszeit: ca. 80 Minuten

1 Die Tomaten waschen, halbieren, entkernen und hacken.

2 Das Olivenöl in einer Pfanne erhitzen. Die Zwiebel und den Knoblauch darin glasig schwitzen. Dann die Tomaten, das Tomatenpüree und den Thymian hinzufügen und 8 Minuten köcheln lassen. Die Sauce mit 300 ml Wasser aufgießen, mit Salz und Pfeffer abschmecken und weitere 5 Minuten köcheln lassen. Die Thymianzweige entfernen, die Sauce nochmals abschmecken, dann den Zucker hineinrühren. Die Sauce vom Herd nehmen.

3 Für die Schmortomaten die Karotte schälen und fein würfeln. Den Staudensellerie putzen, von den Fäden befreien und fein würfeln. Die Zucchini putzen und fein würfeln.

4 Von den Tomaten jeweils das obere Drittel als Deckel abschneiden. Die Deckel beiseitestellen. Die Tomaten mithilfe eines Teelöffels aushöhlen.

5 Die Butter in einem Topf zerlassen. Die Zwiebel, den Thymian und das Lorbeerblatt darin etwa 3 Minuten anschwitzen. Den ungewaschenen Risottoreis hinzufügen und etwa 1 Minute anschwitzen.

6 Den Reis mit der Hälfte der Hühnerbrühe aufgießen, salzen und pfeffern. Den Risotto gut aufkochen, dann die Temperatur reduzieren und den Risotto unter gelegentlichem Rühren 5 Minuten köcheln lassen.

7 Die Karotte, den Staudensellerie und die Zucchini in den Risotto geben, dann mit der restlichen heißen Brühe aufgießen und den Risotto unter gelegentlichem Rühren weitere 15 Minuten köcheln lassen.

8 Die Sahne und den Gruyère in den Risotto rühren. Den Risotto mit Salz und Pfeffer abschmecken, dann das Lorbeerblatt entfernen.

9 Den Risotto in die ausgehöhlten Tomaten füllen. Jede gefüllte Tomate mit dem Deckel verschließen.

10 Die Tomatensauce in eine Auflaufform geben. Die gefüllten Tomaten in die Sauce setzen und mit dem Olivenöl beträufeln. Die Tomaten im auf 180 °C vorgeheizten Backofen 25 bis 30 Minuten schmoren.

11 Die Schmortomaten mit der Sauce auf vorgewärmten Tellern anrichten und servieren.

T076 GEFÜLLTE PAPRIKA MIT COUSCOUS

Zutaten für 4 Personen

8 gelbe Spitzpaprika oder 8 kleine grüne Paprika
500 ml Hühnerbrühe
1 Döschen Safran
150 g Instant-Couscous
50 g geröstete Mandelblättchen
50 g geröstete Pinienkerne
100 g Rosinen
1 EL Currypulver

| 1 TL Chilisauce |
| etwas gemahlener Koriander |
| Salz |
| frisch gemahlener Pfeffer |
| 2 große Fleischtomaten (ca. 450 g) |
| 3 Knoblauchzehen, geschält und gehackt |
| 1 Sternanis |
| Olivenöl extra vergine zum Beträufeln |

Zubereitungszeit: ca. 1 Stunde

1 Die Paprikas längs halbieren, entkernen und waschen.

2 275 ml Hühnerbrühe mit dem Safran aufkochen, dann den Couscous hineinrühren, vom Herd nehmen und zugedeckt 10 Minuten quellen lassen.

3 Die Mandelblättchen, die Pinienkerne und die Rosinen zu dem garen Couscous geben und vermengen. Dann das Currypulver und die Chilisauce hinzufügen und erneut gut vermengen. Den Couscous mit Koriander, Salz und Pfeffer pikant abschmecken.

4 Die Tomaten waschen und in kleine Würfel schneiden. Die restliche heiße Hühnerbrühe (125 ml) über die Tomaten geben, dann den Knoblauch und den Sternanis hinzufügen. Die Mischung mit Salz und Pfeffer abschmecken und in eine Auflaufform geben.

5 Die Couscousmischung in die Paprikahälften füllen. Die gefüllten Paprikahälften auf das Tomatenbett in der Auflaufform setzen. Die Form mit Alufolie bedecken und die Paprika im auf 180°C vorgeheizten Backofen etwa 20 Minuten garen. Dann die Alufolie entfernen und die Paprika weitere 20 Minuten garen.

6 Je 2 gefüllte Paprikahälften mit der Tomatensauce anrichten und alles mit etwas Olivenöl beträufeln.

Servieren Sie die gefüllte Paprika mit Chilijoghurt – dazu 250 ml Schafmilch-joghurt mit 2 EL Zitronensaft, einem halben TL Paprikapulver und 2 EL gehackter Petersilie vermengen. Mit Cayennepfeffer, Salz und frisch gemahlenem Pfeffer abschmecken.

T077 ZITRONENHUHN AUS DEM WOK MIT GRÜNEN SCHMORTOMATEN

Zutaten für 4 Personen

Für die Zitronenmarinade und das Huhn

| 1 daumengroßes Stück Ingwer |
| 4 EL frisch gepresster Zitronensaft |
| 1 TL grüne Currypaste (erhältlich im Asialaden oder in gut sortierten Supermärkten) |

T077

3 EL Sonnenblumenöl
Salz
600 g Hühnerbrust (ohne Haut)

Für die grünen Schmortomaten

1 große Gemüsezwiebel (ca. 150 g)
200 g grüne Tomaten
1 kleine grüne Chilischote
6 EL Sonnenblumenöl
½ TL Kreuzkümmelsamen
Salz
3 EL gehacktes Koriandergrün
2 EL Honig oder geriebener Palmzucker

Zubereitungszeit: ca. 45 Minuten

1 Für die Zitronenmarinade den Ingwer schälen, fein reiben und in einer Schüssel mit dem Zitronensaft, der Currypaste und dem Sonnenblumenöl verrühren. Mit Salz abschmecken.

2 Die Hühnerbrust in etwa 2 cm dicke Streifen schneiden, in eine Schüssel geben und mit der Marinade vermengen. Die Hühnerbrust 20 Minuten ziehen lassen.

3 Für die grünen Schmortomaten die Zwiebel schälen und fein hacken.

4 Die grünen Tomaten waschen und vierteln.

5 Die Chilischote längs halbieren, entkernen und fein hacken.

6 3 EL Sonnenblumenöl in einem Wok stark erhitzen. Die Kreuzkümmelsamen darin anrösten, dann die Zwiebeln hinzufügen und glasig schwitzen.

7 Die Tomatenwürfel und die gehackte Chilischote in den Wok geben und die Mischung so lange dünsten, bis die Tomaten püreeartig sind. Mit Salz abschmecken, dann das Koriandergrün untermengen. Den Wok vom Herd nehmen.

8 3 EL Sonnenblumenöl in einer Pfanne erhitzen und das marinierte Fleisch darin portionsweise scharf anbraten.

9 Alles gebratene Fleisch zurück in die Pfanne geben. Etwa 125 ml Wasser und den Honig oder den geriebenen Palmzucker hinzufügen. Das Hühnerfleisch garen, bis alle Flüssigkeit verkocht ist und das Fleisch leicht karamellisiert.

10 Das gebratene Huhn mit den Schmortomaten anrichten.

Zutaten für 4 Personen

Für die Gewürzmischung

1 EL Fenchelsamen

1 TL Koriandersamen

3 Gewürznelken

4 Pimentkörner

5 Pfefferkörner

1 getrocknetes Lorbeerblatt

1 TL Paprikapulver

1 EL getrockneter Thymian

Für das glasierte Huhn mit Schmortomaten

1 großes Freilandhuhn (ca. 1,3 kg)

Salz

4 EL Armagnac (französischer Weinbrand)

800 g Pflaumen-Rispentomaten (ovale Tomaten)

50 g gesalzene Butter

250 g Lavendelhonig

2 EL Sherryessig

frischer Lavendel zum Bestreuen

Zubereitungszeit: ca. 80 Minuten plus Zeit zum Marinieren

1 Für die Gewürzmischung alle Gewürze im Mörser grob zerstoßen oder in der Küchenmaschine grob vermahlen.

2 Das Huhn in 8 Stücke zerteilen. Diese in eine Auflaufform legen, leicht salzen, mit zwei Drittel der Gewürzmischung einreiben und mit dem Armagnac übergießen. Die Form abdecken und das Huhn mindestens 5 bis 6 Stunden (am besten über Nacht) im Kühlschrank ziehen lassen. Das Huhn 30 Minuten vor der Zubereitung aus dem Kühlschrank nehmen.

3 Die marinierten Hühnerteile in eine Fettpfanne legen.

4 Die Tomaten waschen und ganz in die Fettpfanne legen. Das Huhn mit den Butterflocken belegen und im auf 160 °C vorgeheizten Backofen etwa 40 Minuten braten.

5 Den Honig und den Essig in einen kleinen Topf geben und erwärmen, bis der Honig dünnflüssig wird. Dann die restliche Gewürzmischung hineinrühren.

6 Die Ofentemperatur auf 180 °C erhöhen. Die Hühnerteile mit der Honigglasur bestreichen und weitere 6 bis 7 Minuten braten. Die Hühnerteile erneut mit der Glasur bestreichen und weitere 6 bis 7 Minuten braten. (Wichtig: Der Honig soll nur leicht karamellisieren, keine Kruste bilden.)

7 Den Backofen ausschalten, die Ofentüre leicht öffnen und das glasierte Huhn etwa 5 bis 7 Minuten ruhen lassen.

8 Je 2 Hühnerteile mit den Schmortomaten und dem entstandenen (mit Salz und Pfeffer abgeschmeckten) Bratensaft anrichten und mit dem frischen Lavendel bestreuen.

T079 MARINIERTES HUHN IN CURRY-TEMPURA MIT GRAPEFRUIT-TOMATEN-CHUTNEY

Zutaten für 4 Personen

Für das Chutney

5 große Strauchtomaten (ca. 500 g)

1 Zwiebel (ca. 80 g)

3 EL Olivenöl extra vergine

Salz

3 rosa Grapefruits

½ Chilischote

1 EL Honig

frisch gemahlener Pfeffer

2 EL fein gehackte Estragonblättchen

Für das marinierte Huhn

4 kleine Hühnerbrustfilets (à 140 g, ohne Haut)

4 EL Sojasauce

1 EL Honig

Saft von ½ Limette

fein geriebene Schale von 1 Limette (Bioware)

1 TL grob geschrotete Pfefferkörner

Salz

Pfeffer aus der Mühle

Für den Tempurateig

5 EL glattes Weizenmehl (Type 405)

2 EL Stärkemehl

½ TL Backpulver

2 EL Currypulver

1 TL gemahlene Korianderkörner

Salz

T079 MARINIERTES HUHN IN
CURRY-TEMPURA MIT
GRAPEFRUIT-TOMATEN-CHTUNEY

Zum Ausbacken und Garnieren

reichlich neutrales Pflanzenöl
etwas gehackte Chilischote

Zubereitungszeit: ca. 60 Minuten plus Marinierzeit

1 Für das Chutney die Tomaten waschen, halbieren, vom Stielansatz befreien und in kleine Würfel schneiden.

2 Die Zwiebel schälen und in kleine Würfel schneiden.

3 Das Olivenöl in einem Topf erhitzen und die Zwiebel darin glasig schwitzen. Dann die Tomaten hinzufügen und salzen. Die Tomaten köcheln lassen, bis die Flüssigkeit verkocht ist.

4 Die Grapefruits mit einem scharfen Messer schälen, von der weißen Haut befreien und filetieren. Die Grapefruitfilets zu den Tomaten in den Topf geben und einmal aufkochen. Dann den Topf sofort vom Herd nehmen.

5 Die Chilischote fein hacken, mit dem Honig vermengen und in das Chutney rühren. Das Chutney mit Salz und Pfeffer abschmecken, dann den Estragon hineinrühren. Das Chutney 1 bis 2 Stunden im Kühlschrank durchziehen lassen.

6 Die Hühnerbrustfilets längs in etwa 1 cm dicke Streifen schneiden, in eine Schale legen und leicht salzen.

7 Aus der Sojasauce, dem Honig, dem Limettensaft, der Limettenschale und den Pfefferkörnern eine Marinade rühren. Die Marinade über das Hühnerfleisch geben und dieses 30 Minuten ziehen lassen.

8 Für den Tempurateig das Mehl, das Stärkemehl, das Backpulver, das Currypulver, den Koriander und etwas Salz in einer Schüssel vermengen. 200 ml eiskaltes Wasser hinzufügen und die Mischung zu einem glatten Teig verrühren. Den Teig 15 Minuten ruhen lassen.

9 Die Hühnerfleischstreifen im Zickzack auf lange Holzspieße stecken.

10 Reichlich Pflanzenöl in einem Topf erhitzen. Die Hühnerspieße durch den Tempurateig ziehen und sofort in dem heißen Öl knusprig ausbacken. Die frittierten Spieße mit einem Schaumlöffel aus dem Topf heben und auf Küchenkrepp abtropfen lassen.

11 Die Hühnerspieße mit dem Grapefruit-Tomaten-Chutney anrichten und mit etwas gehacktem Chili bestreuen.

T080 GESCHMORTE TOPFENTOMATEN MIT SARDELLEN UND MELISSE

Zutaten für 4 Personen

4 mittelgroße Fleischtomaten
250 g Topfen (Quark, 40 % Fettgehalt)
2 EL Sauerrahm
4 EL frisch geriebener Parmesan

2 EL Erdäpfelflocken (Instant-Kartoffelpüree)
4 Sardellenfilets
4 EL gehackte Blattpetersilie
4 EL gehackte Zitronenmelisse
Salz
frisch gemahlener Pfeffer
2 EL Butter für die Form und zum Bestreuen

Zubereitungszeit: ca. 40 Minuten

1 Die Tomaten waschen und am Stielansatz einen Deckel abschneiden. Die Deckel beiseitestellen. Die Tomaten mithilfe eines Teelöffels aushöhlen.

2 Den Topfen mit dem Sauerrahm, dem Parmesan und den Erdäpfelflocken in eine Schüssel geben und verrühren. Die Creme 5 Minuten ziehen lassen.

3 Die Sardellenfilets fein hacken und mit der gehackten Petersilie und der gehackten Zitronenmelisse in die Topfencreme rühren. Die Creme mit Salz und Pfeffer abschmecken.

4 Die Topfencreme in die Tomaten füllen und die Deckel auf die Tomaten setzen.

5 Die gefüllten Tomaten in eine mit Butter gefettete Auflaufform stellen. Auf jede Tomate 1 Butterflocke setzen. Die Tomaten im auf 180°C vorgeheizten Backofen 20 Minuten schmoren.

6 Die Tomaten aus dem Ofen nehmen, abkühlen lassen und lauwarm servieren.

Servieren Sie die Tomaten mit kross gebratenem Rohschinken oder mit der Paprika-Tomaten-Sauce (siehe Rezept Seite 44)

T081 GEBRATENE KALMARE MIT TOMATEN-REIS-FÜLLUNG UND KARAMELLISIERTEN ZITRONEN

Zutaten für 4 Personen

8 Kalmare
Meersalz
2 ganze Chilischoten
5 EL Olivenöl extra vergine

Für die Tomaten-Reis-Füllung

120 g Melanzani (Auberginen)
1 Knoblauchzehe
9 EL Olivenöl extra vergine
2 vollreife Rispentomaten (ca. 120 g)
2 EL Langkornreis
250 ml Hühner- oder Gemüsebrühe
5 Kapern, gehackt

T081 GEBRATENE KALMARE MIT TOMATEN-REIS-
FÜLLUNG UND KARAMELLISIERTEN ZITRONEN

8 schwarze Oliven, entkernt und gehackt

1 Sardellenfilet, gehackt

1 Chilischote, fein geschnitten

½ TL getrockneter Oregano

Salz

frisch gemahlener Pfeffer

100 g milder Feta

etwas gehackte Petersilie

Für die karamellisierten Zitronen

2 Zitronen (Bioware)

2 EL Olivenöl extra vergine

2 EL brauner Rohrzucker

Zubereitungszeit: ca. 50 Minuten

1 Die Kalmare putzen, quer durchschneiden (sodass Tuben und Tentakel getrennt sind), von den Knorpeln im Inneren befreien, waschen und gut abtropfen lassen.

2 Für die Füllung die Melanzani waschen, putzen und in kleine Würfel schneiden. Den Knoblauch schälen und grob hacken. 2 EL Olivenöl in einer Pfanne erhitzen und den Knoblauch und die Melanzani darin kurz anbraten.

3 Die Tomaten waschen, vom Stielansatz befreien und in große Würfel schneiden. Die Tomatenwürfel und den Reis zu den Melanzani in die Pfanne geben. Alles mit der Hühnerbrühe aufgießen und 15 Minuten köcheln lassen.

4 Den Topf vom Herd nehmen und die Kapern, die Oliven, das Sardellenfilet und die fein geschnittene Chilischote hinzufügen. Die Füllung mit Oregano, Salz und Pfeffer abschmecken. Dann den Feta in große Würfel schneiden und untermengen.

5 Die Füllung in die Kalmartuben geben. Jeden gefüllten Kalmar mit einem Zahnstocher verschließen.

6 3 EL Olivenöl in einer Pfanne erhitzen und die beiden ganzen Chilischoten und die Kalmartentakel darin kurz anbraten, dann aus der Pfanne nehmen und warm stellen.

7 In der Pfanne erneut 2 EL Olivenöl erhitzen und die gefüllten Kalmare darin von allen Seiten 2 bis 3 Minuten anbraten, dann kurz ruhen lassen, mit der gehackten Petersilie bestreuen und leicht mit Salz abschmecken.

8 Für die karamellisierten Zitronen die Zitronen in 0,5 cm dicke Scheiben schneiden. Das Olivenöl in einer Pfanne erhitzen und die Zitronenscheiben

darin anbraten, dann mit dem Zucker bestreuen, wenden und 1 bis 2 Minuten braten. Die Zitronenscheiben dann aus der Pfanne nehmen und abkühlen lassen.

9 Die gefüllten Kalmare mit den gebratenen Tentakeln und den karamellisierten Zitronen auf 4 Tellern anrichten und mit 2 EL Olivenöl beträufeln. Nach Belieben mit rohen Tomatenscheiben und gehackten Oliven garnieren.

T082 MEERESFRÜCHTERISOTTO MIT GEGRILLTEN KIRSCHTOMATEN

Zutaten für 4 Personen

300 g Meeresfrüchte (frisch oder TK-Produkt), geschnitten

8 EL Olivenöl extra vergine

2 kleine Knoblauchzehen, fein gehackt

1 TL frisch gepresster Zitronensaft

etwas Safransalz

frisch gemahlener Pfeffer

250 g Kirschtomaten

Salz

1 Zwiebel, fein gehackt

200 g Risottoreis (am besten Carnaroli)

125 ml trockener Weißwein

750 ml Rinderbrühe

40 g Butter

40 g frisch geriebener Parmesan

2 EL grob gehacktes Basilikum oder Estragon

Zubereitungszeit: ca. 50 Minuten

1 Die aufgetauten und abgetropften Meeresfrüchte mit 3 EL Olivenöl, der Hälfte des Knoblauchs und dem Zitronensaft in eine Schüssel geben und vermengen. Mit Safransalz und Pfeffer würzen, dann 10 bis 15 Minuten durchziehen lassen.

2 Die Kirschtomaten in eine Auflaufform legen, mit 1 EL Olivenöl übergießen, mit Salz bestreuen und unter dem vorgeheizten Backofengrill 10 bis 15 Minuten grillen.

3 Den Ofen ausschalten. Die marinierten Meeresfrüchte zu den Tomaten in die Form geben und vermengen. Das Ragout bis zum Weiterverarbeiten im Ofen gar ziehen lassen.

4 Für den Risotto 4 EL Olivenöl in einem großen Topf erhitzen. Die Zwiebel und den restlichen Knoblauch darin glasig schwitzen. Den Reis hinzufügen und unter Rühren anschwitzen, dann mit dem Weißwein ablöschen. Den Wein komplett verkochen lassen, dann den Risotto mit 1 Schöpflöffel heißer Brühe aufgießen. Die Brühe unter häufigem Rühren einkochen lassen, dann 1 weiteren

Schöpflöffel heißer Brühe aufgießen. Diesen Vorgang so lange wiederholen, bis der Reis gar ist und der Risotto eine cremige Konsistenz hat.

5 Die kalte Butter und den Parmesan in den Risotto rühren, mit Salz und Pfeffer abschmecken und den Risotto kurz ruhen lassen.

6 Das Basilikum oder den Estragon unter das Meeresfrüchteragout mengen.

7 Den Risotto auf 4 vorgewärmten Tellern anrichten und das Tomaten-Meeresfrüchte-Ragout darübergeben.

T083 RÄUCHERLACHSKÜCHLEIN MIT BRUNNENKRESSE-TOMATEN-SALAT

Zutaten für 4 Personen

Für die Küchlein

350 g mehlig kochende Erdäpfel (Kartoffeln), geschält

Salz

2 EL Weißweinessig

2 Lachsfilets (à ca. 250 g)

140 g Räucherlachs, fein gehackt

frisch gemahlener Pfeffer

2 Eigelb

4 Frühlingszwiebeln, fein gehackt

2 EL Sonnenblumenöl

15 g Butter

Für den Brunnenkresse-Tomaten-Salat

½ rote Zwiebel, geschält und fein gehackt

400 g Kirschtomaten, geviertelt

3 EL Schnittlauchröllchen

Saft von ½ unbehandelten Zitrone

3 EL natives Olivenöl

Salz

frisch gemahlener Pfeffer

2 Bund Brunnenkresse (à ca. 90 g), geputzt

Zubereitungszeit: ca. 75 Minuten

1 Die Kartoffeln in reichlich Salzwasser etwa 20 Minuten weich kochen.

2 Währenddessen eine tiefe Pfanne etwa 1 cm hoch mit Wasser füllen und den Weißweinessig hinzufügen. Das Wasser aufkochen, die Temperatur reduzieren, die Lachsfilets in das Wasser legen und mit einem Pfannendeckel abdecken. Die Lachsfilets 5 Minuten im leicht wallenden Wasser ziehen lassen.

3 Die Lachsfilets aus dem Sud nehmen, von der Haut befreien und in eine Schüssel geben. Die Lachsfilets mit einer Gabel zerpflücken, dann den Räucherlachs hinzufügen.

4 Die weichen Kartoffeln abschütten, mit etwas Lachskochwasser zerstampfen, salzen, pfeffern und zu dem Lachs in die Schüssel geben. Die Eigelb und die Frühlingszwiebeln hinzufügen und alles gut vermengen, dann mit Salz und Pfeffer abschmecken. Aus der Lachsmasse 12 Küchlein formen. Die Küchlein 30 Minuten im Kühlschrank erkalten lassen.

5 Für den Brunnenkresse-Tomaten-Salat die rote Zwiebel, die Kirschtomaten, die Schnittlauchröllchen, den Zitronensaft und das Olivenöl in einer Schüssel vermengen. Den Salat mit Salz und Pfeffer abschmecken, dann vorsichtig die Brunnenkresse unterheben.

6 1 EL Sonnenblumenöl in einer großen Pfanne erhitzen. Die Hälfte der Butter zugeben und aufschäumen. Die Lachsküchlein bei mittlerer Temperatur darin portionsweise von jeder Seite 2 bis 3 Minuten goldgelb anbraten.

7 Auf 4 Teller je 3 Lachsküchlein geben, mit dem Brunnenkresse-Tomaten-Salat anrichten und servieren.

T084 WOLFSBARSCH IM TOMATEN-MUSCHEL-SUD

Zutaten für 4 Personen

1 ganzer Wolfsbarsch, geschuppt und ausgenommen (ca. 1,3 kg)
Meersalz
6 Zweige Thymian
6 Zweige Blattpetersilie
3 Frühlingszwiebeln (ca. 100 g)
300 g kleine vollreife Tomaten
2 Handvoll Vongole (Venusmuscheln)
frisch gemahlener Pfeffer
5 EL Olivenöl extra vergine
1 Zitrone

Zubereitungszeit: ca. 1 Stunde

1 Den Wolfsbarsch trocken tupfen, innen und außen salzen.

2 Ein Backblech großzügig mit Alufolie belegen. Den Fisch daraufsetzen und mit je 3 Zweigen Thymian und Petersilie füllen.

3 Die Frühlingszwiebeln putzen und in feine Ringe schneiden.

4 Die Tomaten waschen, halbieren und mit den Frühlingszwiebeln auf dem Fisch verteilen.

5 Die Muscheln gründlich waschen, offene Muscheln wegwerfen. Die Muscheln auf die Folie um den Wolfsbarsch legen.

6 Den restlichen Thymian und die restliche Petersilie über den Wolfsbarsch geben. Alles mit dem Olivenöl beträufeln und mit Salz und Pfeffer bestreuen.

7 Die Alufolie über dem Wolfsbarsch zusammenschlagen und gut verschließen. Den Wolfsbarsch im auf 190°C vorgeheizten Backofen etwa 40 bis 45 Minuten garen.

8 Den Wolfsbarsch aus dem Ofen nehmen, die Alufolie öffnen und alles mit Zitronensaft beträufeln. Den Wolfsbarsch filetieren, mit dem Muschelsud anrichten und nach Belieben nochmals mit etwas Olivenöl beträufeln und salzen.

Dazu passt frisch geröstetes Weißbrot oder in Butter geschwenkte heurige (neue) Kartoffeln.
Garen Sie zusätzlich 3 bis 4 ganze Knoblauchzehen mit.

T085 GEBRATENE SEETEUFELMEDAILLONS MIT ORANGEAT UND TOMATEN-FENCHEL-GEMÜSE

Zutaten für 4 Personen

Für das Tomaten-Fenchel-Gemüse

4 Tomaten (ca. 500 g)

1 kleine Fenchelknolle

3 EL Olivenöl extra vergine

2 Knoblauchzehen

2 EL weiches Orangeat, gehackt

2 Rosmarinzweige

Meersalz zum Bestreuen

Für den Seeteufel

8 dicke Medaillons vom frischen Seeteufel (ca. 600 g)

Salz

frisch gemahlener Pfeffer

3 EL Sonnenblumenöl

1 Stück Zitronenschale (Bioware)

Zubereitungszeit: ca. 30 Minuten

1 Reichlich Wasser in einem großen Topf zum Kochen bringen. Die Tomaten darin portionsweise je 1 Minute blanchieren. Die Tomaten aus dem Wasser nehmen, in Eiswasser abschrecken, dann häuten, vierteln, vom Stielansatz befreien und entkernen.

2 Den Fenchel putzen, halbieren und in ½ cm dicke Streifen schneiden, dann beiseitestellen.

3 Die Seeteufelmedaillons auf beiden Seiten mit Salz und Pfeffer bestreuen.

4 Eine ofenfeste beschichtete Pfanne erhitzen. Das Sonnenblumenöl und die Zitronenschale hineingeben. Die Seeteufelmedaillons darin von beiden Seiten 1 Minute anbraten.

5 Die Pfanne mit dem Fisch in den auf 70°C vorgeheizten Backofen geben. Den Fisch darin 12 Minuten ziehen lassen.

6 Den Knoblauch schälen und in feine Scheiben schneiden.

7 Das Olivenöl in einer Pfanne erhitzen und den Knoblauch darin kurz anbraten, dann den Fenchel zugeben, salzen und bei niedriger Temperatur 5 bis 6 Minuten dünsten.

8 Die Tomaten, das Orangeat und die Rosmarinzweige in die Pfanne geben, alles gut durchschwenken, mit Salz und Pfeffer abschmecken und 4 bis 5 Minuten bei niedriger Temperatur ziehen lassen.

9 Das Tomaten-Fenchel-Gemüse in 4 tiefen Tellern anrichten, je 2 Seeteufel-medaillons daraufsetzen und nach Belieben mit Meersalz bestreuen.

T086 KABELJAUFILET IM TOMATEN-LAVENDEL-SUD

Zutaten für 4 Personen

Für den Tomaten-Lavendel-Sud

6 vollreife Strauchtomaten, blanchiert und gehäutet

2 Schalotten

2 Knoblauchzehen

4 EL Olivenöl extra vergine

250 ml Fischfond (aus dem Glas)

1 Stück Orangenschale (Bioware)

3 Zweige Thymian

½ TL Lavendelblüten

1 kleine mehlig kochende Kartoffel

8 schwarze Oliven

Salz

frisch gemahlener Pfeffer

Für den Kabeljau

1 dickes Kabeljaufilet mit Haut (ca. 800 g)

Saft von 1 Zitrone

Salz

Pfeffer aus der Mühle

2 EL fein gehackte Blattpetersilie

Zubereitungszeit: ca. 50 Minuten

1 Die Tomaten vierteln, vom Stielansatz befreien und entkernen. Jedes Tomatenviertel erneut halbieren.

2 Die Schalotten und den Knoblauch schälen und fein hacken.

3 Das Olivenöl in einer ofenfesten Pfanne erhitzen. Die Schalotten und den Knoblauch darin glasig schwitzen.

4 Die Tomaten in die Pfanne geben und kurz mitschwitzen, dann mit dem Fischfond aufgießen.

5 Die Orangenschale, den Thymian und den Lavendel hinzufügen und alles bei niedriger Temperatur 10 bis 12 Minuten köcheln lassen.

6 Die Kartoffel schälen, fein reiben und in die Pfanne geben. Alles weitere 3 bis 4 Minuten köcheln lassen.

7 Das Kabeljaufilet in 4 gleich große Stücke schneiden, mit dem Zitronensaft beträufeln und mit Salz und Pfeffer bestreuen.

8 Den Kabeljau und die Oliven in den heißen Tomaten-Lavendel-Sud legen. Die Pfanne abdecken und den Kabeljau im auf 90°C vorgeheizten Backofen 8 bis 10 Minuten ziehen lassen.

9 Den garen Kabeljau und den Sud auf 4 tiefe Teller verteilen und mit etwas gehackter Petersilie bestreuen.

Dazu passt frisches Baguette.

T087 THAI-RINDFLEISCHSALAT MIT TOMATEN UND KAFFIRMARINADE

Zutaten für 4 Personen

Für das Rindfleisch

2 dicke Scheiben Roastbeef (à 250 g)

Salz

frisch gemahlener Pfeffer

2 EL Olivenöl extra vergine

Für die Kaffirmarinade

2 Kaffirlimettenblätter (erhältlich im Asialaden)

2 EL Thaibasilikum

8 EL frisch gepresster Limettensaft

8 EL Sesamöl

3 Chilischoten

Salz

frisch gemahlener Pfeffer

Sojasauce

T087

T087 THAI-RINDFLEISCHSALAT
MIT TOMATEN UND KAFFIRMARINADE

Für den Salat

1 rote Zwiebel
150 g gemischte, junge Blattsalatblätter (Thai-Mischung)
2 EL gehacktes Koriandergrün
2 EL Thaibasilikum
400 g reife grüne Tomaten
Salz
2 EL schwarze Sesamsaat

Zubereitungszeit: ca. 25 Minuten

1 Das Rindfleisch etwa 30 Minuten vor der Zubereitung aus dem Kühlschrank nehmen. Dann kräftig salzen, pfeffern und mit dem Olivenöl bestreichen.

2 Eine Grillpfanne erhitzen. Die Rindfleischscheiben darin von jeder Seite 4 Minuten grillen. Die gegrillten Scheiben auf einen vorgewärmten Teller legen, mit Alufolie abdecken und 8 bis 10 Minuten ruhen lassen.

3 Für die Marinade die Kaffirlimettenblätter und das Thaibasilikum in sehr feine Streifen schneiden und in eine Schüssel geben. Den Limettensaft und das Sesamöl hinzufügen und alles gut vermengen.

4 Die Chilischoten längs halbieren, entkernen und fein hacken, dann in die Marinade rühren. Die Marinade mit Salz, Pfeffer und Sojasauce abschmecken.

5 Für den Salat die Zwiebel schälen, in feine Streifen schneiden und mit den Salaten und Kräutern locker vermengen.

6 Die Tomaten waschen, in Scheiben schneiden und auf 4 Tellern ausbreiten. Die Tomaten leicht salzen und jede Portion mit 1 EL Marinade übergießen.

7 Das Fleisch in dünne Scheiben schneiden und über die Tomaten legen.

8 Den Salat darüber verteilen, mit der restlichen Marinade beträufeln und mit Sesam bestreuen.

Reichen Sie etwas Sojasauce und Sesamöl dazu.

T088 GEGRILLTE FILETSTEAKS MIT GEBACKENEN GRÜNEN TOMATEN

Zutaten für 4 Personen

4 Filetsteaks vom Rind (à ca. 200 g)
Salz
grob geschroteter Pfeffer
4–5 EL Olivenöl extra vergine
4 große reife grüne Tomaten (eine grüne Sorte, keine unreifen roten Tomaten)
80 g Weizenmehl (Type 405)
80 g Stärkemehl

1 EL brauner Rohrzucker

1 TL Salz

Sonnenblumenöl zum Ausbacken

Zubereitungszeit: ca. 30 Minuten

1 Die Steaks ca. 30 Minuten vor der Zubereitung aus dem Kühlschrank nehmen. Die Steaks auf beiden Seiten salzen und pfeffern, dann in eine flache Auflaufform legen und mit dem Olivenöl übergießen. Die Steaks im auf 60°C vorgeheizten Backofen etwa 20 Minuten vorgaren.

2 Die Tomaten waschen und in etwa 1 cm dicke Scheiben schneiden.

3 Das Mehl in einer Schüssel mit dem Stärkemehl und dem Zucker vermengen.

4 Die Tomatenscheiben leicht salzen und in der Mehlmischung wenden.

5 Reichlich Sonnenblumenöl in einer Pfanne erhitzen und die mehlierten Tomatenscheiben darin schwimmend goldbraun ausbacken. Die gebackenen Tomatenscheiben mit dem Schaumlöffel aus der Pfanne nehmen und auf Küchenkrepp gut abtropfen lassen.

6 Eine Grillpfanne auf dem Herd erhitzen und die Filetsteaks darin von jeder Seite 2 Minuten grillen, dann nochmals salzen und mit den gebackenen Tomaten anrichten.

T089 GEBACKENE PANCETTA-RICOTTA-KÖRBCHEN

Zutaten für 4 Personen

6 dünne Scheiben Pancetta arrotolata (italienischer Bauchspeck vom Schwein)

120 g frischer Ricotta

8 EL fein geriebener Parmesan

30 g Ziegenfrischkäse

2 Eigelb

4 EL feine Schnittlauchröllchen

Salz

frisch gemahlener Pfeffer

12 Kirschtomaten

Zubereitungszeit: ca. 20 Minuten

1 Ein Minimuffin-Blech mit 12 Vertiefungen leicht fetten. In jede Vertiefung eine halbe Pancettascheibe drücken.

2 Den Ricotta mit dem Parmesan, dem Ziegenkäse, den Eigelb und den Schnittlauchröllchen in eine Schüssel geben und vermengen. Die Creme mit Salz und Pfeffer abschmecken.

3 Die Käsecreme mithilfe eines Teelöffels in die Pancettakörbchen füllen. Je 1 Kirschtomate auf die Creme setzen.

4 Die Pancettakörbchen im auf 220 °C vorgeheizten Backofen (Ober-/Unterhitze) etwa 10 Minuten backen, bis der Speck kross und der Käse geschmolzen ist.

Dazu passen marinierte Blattsalate.

T090 MAKKARONI MIT TOMATEN-SPECK-SUGO

Zutaten für 4 Personen

450 g Makkaroni (z.B. Neapolitan Makkaroni)
Salz
200 g Hamburger Speck (Frühstücksspeck), gewürfelt
1 Knoblauchzehe, fein gehackt
600 g Kirschtomaten
5 EL Olivenöl extra vergine
3 EL fein gehackte Blattpetersilie
Salz
frisch gemahlener Pfeffer
4 EL frisch geriebener Parmesan (oder 1 EL cremiger Ziegenfrischkäse)

Zubereitungszeit: ca. 25 Minuten

1 Die Makkaroni nach Packungsanleitung in reichlich Salzwasser al dente kochen, dann abschütten (aber nicht abschrecken). Dabei 2 Schöpflöffel des Kochwassers für die Sauce auffangen und beiseitestellen.

2 Während die Pasta kocht, eine große Pfanne ohne Fettzugabe bei mittlerer Temperatur erhitzen. Die Speckwürfel darin anbraten. Dann den Knoblauch hinzufügen und kurz mitbraten.

3 Die Kirschtomaten waschen und halbieren.

4 Die Kirschtomaten zu dem Speck in die Pfanne geben. Alles gut vermengen und bei geringer Temperatur 6 bis 7 Minuten köcheln lassen.

5 3-4 EL des Makkaronikochwassers und das Olivenöl in den Sugo rühren. Dann die Petersilie hinzufügen. Die Makkaroni in den Sugo geben und alles gut vermengen, dann mit Salz und Pfeffer abschmecken und bei niedriger Temperatur 1 bis 2 Minuten ziehen lassen.

6 Die Makkaroni auf 4 vorgewärmten Pastatellern anrichten, mit dem geriebenen Parmesan bestreuen und servieren.

T090 MAKKARONI MIT
TOMATEN-SPECK-SUGO

T091

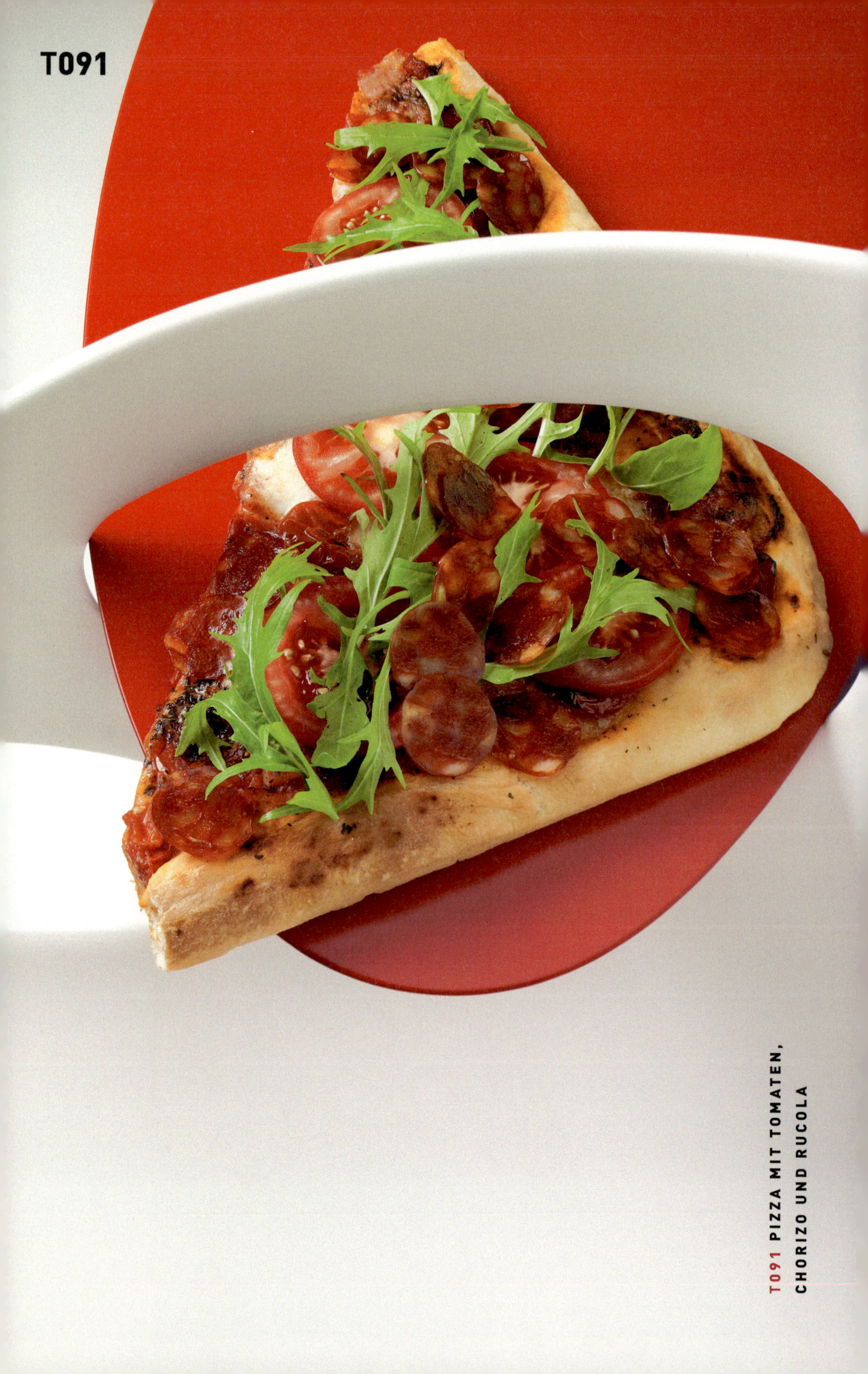

T091 PIZZA MIT TOMATEN, CHORIZO UND RUCOLA

Zutaten für 4 Personen

Für den Pizzateig

450 g glattes Weizenmehl (Type 405)

1 TL Salz

30 g frische Hefe

1 TL flüssiger Honig

450–500 ml lauwarmes Wasser

Für den Pizzabelag

1 kg vollreife Kirschtomaten

6 EL Olivenöl extra vergine

1 EL Zucker

1 TL getrockneter Oregano

Salz

frisch gemahlener Pfeffer

8 vollreife Eiertomaten

300 g Büffelmozzarella

150 g Chorizo, dünn aufgeschnitten

250 g Rucola

3 EL Aceto balsamico

1 EL flüssiger Honig

Zubereitungszeit: ca. 75 Minuten plus 2 Stunden Gehzeit

1 Für den Pizzateig das Mehl mit dem Salz in eine Schüssel sieben.

2 Die Hefe mit dem Honig verrühren und zu dem Mehl in die Schüssel geben. Das Wasser nach und nach unter stetigem Rühren hinzufügen und die Mischung in der Küchenmaschine (Knethaken) etwa 5 bis 7 Minuten zu einem glatten Teig verarbeiten. Den Teig zudecken und bei Zimmertemperatur etwa 2 Stunden gehen lassen.

3 Für den Pizzabelag die Kirschtomaten halbieren.

4 2 EL Olivenöl in einem niedrigen Topf erhitzen und die Tomaten darin anschwitzen. Den Zucker und den Oregano hinzufügen, leicht salzen und die Sauce zu einem sämigen Püree einkochen. Den Topf vom Herd nehmen und das Püree mit Salz und Pfeffer abschmecken.

5 Den Hefeteig auf einer bemehlten Arbeitsfläche durchkneten, in 4 gleiche Stücke teilen und diese zu runden Pizzen von 25 cm Durchmesser ausrollen. Die 4 Pizzen auf ein leicht gefettetes Backblech legen.

6 Die Pizzen mit dem Tomatenpüree bestreichen.

7 Die Eiertomaten in dünne Scheiben schneiden. Den Mozzarella zerpflücken.

8 Die Pizzen mit den Tomaten, den Mozzarellastücken und den Chorizoscheiben belegen.

9 Die Pizzen im auf 220 °C vorgeheizten Backofen auf der untersten Schiene etwa 15 Minuten backen.

10 Den Rucola mit den restlichen 4 EL Olivenöl und dem Aceto balsamico vermengen. Den Honig darübergeben, salzen, pfeffern und locker durchmischen.

11 Die Pizzen aus dem Ofen nehmen, den marinierten Rucola darübergeben und sofort servieren.

Rollen Sie den Teig auf die Größe des Backblechs aus und belegen Sie ihn dann. Die Backzeit verlängert sich dann um 10 bis 15 Minuten.

T092 FRITTIERTE FLEISCHRÖLLCHEN MIT TOMATENKOMPOTT

Zutaten für 4 Personen

Für die Fleischröllchen

1 Schweinslungenbraten (Schweinefilet, ca. 300 g)

3 EL Olivenöl

1 EL Zitronensaft

1 Knoblauchzehe, fein gehackt

ca. 10 Scheiben Spinata-Salami (ca. 80 g)

80 g Parmesan oder Pecorino, grob geraffelt

120 g Weizenmehl (Type 405)

2 Eier

160 g Semmelbrösel

neutrales Pflanzenöl zum Frittieren

Für das Tomatenkompott

1 kg Kirschtomaten, halbiert

4–6 EL Olivenöl

2 EL brauner Rohrzucker

3 EL Rosmarinnadeln

2 EL Aceto balsamico

Salz

frisch gemahlener Pfeffer

Zubereitungszeit: ca. 50 Minuten

1 Das Schweinefilet mit einem scharfen Messer längs in 6 bis 8 dünne Streifen schneiden. Diese in eine Schale legen.

2 Das Olivenöl, den Zitronensaft und den Knoblauch verrühren. Diese Marinade über das Schweinefilet geben, gut vermengen und das Fleisch 20 Minuten durchziehen lassen.

3 Für das Tomatenkompott die Kirschtomaten mit den Schnittflächen nach oben auf ein Backblech legen, mit dem Olivenöl beträufeln und mit dem Zucker bestreuen. Die Rosmarinnadeln darüber verteilen, dann leicht salzen.

4 Die Tomaten im auf 200°C vorgeheizten Backofen (Ober-/ Unterhitze) etwa 20 Minuten braten, dann aus dem Ofen nehmen und leicht abkühlen lassen. Die Tomaten mit dem beim Braten ausgetretenen Saft in eine Schüssel geben und mit dem Balsamico, Salz und Pfeffer abschmecken.

5 Das Fleisch aus der Marinade nehmen. Jeden Streifen mit etwas Salami belegen und mit dem geriebenen Käse bestreuen. Jeden Fleischstreifen von der schmalen Seite eng zu einer Roulade rollen. Jede Roulade halbieren.

6 Das Mehl auf einem Teller verteilen. Die Eier verquirlen und in einen Teller geben. Die Semmelbrösel auf einem dritten Teller verteilen. Jedes Fleischröllchen erst im Mehl, dann im Ei und zuletzt in den Semmelbröseln wenden.

7 Das Pflanzenöl in einem Topf erhitzen und die Röllchen darin 2 bis 3 Minuten knusprig ausbacken. Die frittierten Röllchen herausnehmen und auf Küchenkrepp abtropfen lassen.

8 Die frittierten Röllchen mit dem Kompott anrichten.

T093 GEGRILLTE TOMATENSALSA MIT CHILIBRATWÜRSTEN UND FOCACCIA

Zutaten für 4 Personen

5 große Strauchtomaten (ca. 400 g)
7–8 EL Olivenöl
2 EL gehackte Oreganoblättchen
1 TL Currypulver
Salz
frisch gemahlener Pfeffer
8 Chilibratwürste (oder andere geschmacksintensive Bratwürste)
200 g Focaccia (mit Kräutern gebackenes Fladenbrot aus Hefeteig)

Zubereitungszeit: ca. 30 Minuten

1 Eine Grillpfanne ohne Fettzugabe auf dem Herd erhitzen.

2 Die Tomaten waschen, halbieren, mit den Schnittflächen nach unten in die heiße Grillpfanne legen und 8 bis 10 Minuten grillen. (Die Grillpfanne danach für die weitere Verwendung säubern.)

3 Die gegrillten Tomaten grob hacken und in einer Schüssel mit 5 EL Olivenöl, dem Oregano und dem Currypulver vermengen. Die Salsa mit Salz und Pfeffer abschmecken.

4 Die saubere Grillpfanne erneut auf dem Herd erhitzen.

5 Die Focaccia in etwa 2 cm dicke Scheiben schneiden und mit den Bratwürsten in der heißen Grillpfanne auf beiden Seiten grillen.

6 Die gegrillte Focaccia mit 2–3 EL Olivenöl beträufeln. Die Bratwürste in Stücke schneiden.

7 Die Focacciascheiben mit der Salsa bestreichen, dann mit den Würstchen belegen. Nach Belieben mit Curry- oder Chilipulver bestreuen und sofort servieren.

T094

Statt Focaccia können Sie auch Ciabatta oder ein anderes rustikales italienisches Weißbrot verwenden.

T094 GESOTTENE KALBSZUNGE MIT TOMATEN-BALSAMICO-VINAIGRETTE

Zutaten für 4 Personen

Für die Kalbszunge

2 Kalbszungen (à ca. 300 g)

1 frisches Lorbeerblatt

3–4 Pfefferkörner

1 Bund Suppengemüse (ca. 250 g)

Salz

Für die Tomaten-Balsamico-Vinaigrette

4 Tomaten (ca. 400 g), blanchiert und gehäutet

Salz

6 EL fruchtiges natives Olivenöl

65 ml Gemüsebrühe

4 EL Aceto balsamico

frisch gemahlener Pfeffer

5 EL grob geschnittenes Basilikum

Zum Anrichten

150 g Rucola

Zubereitungszeit: ca. 2 Stunden 10 Minuten

1 Die Kalbszungen unter fließendem kalten Wasser gründlich waschen, dann mit dem Lorbeerblatt und den Pfefferkörnern in einen Topf geben und mit kaltem Wasser auffüllen.

2 Das Suppengemüse (Karotte, Petersilienwurzel, Knollensellerie) putzen, in grobe Stücke schneiden und zu den Zungen in den Topf geben. Die Kalbszungen bei mittlerer Temperatur etwa 1½ bis 2 Stunden weich kochen. Den Kochsud nach der Hälfte der Kochzeit salzen.

3 Die garen Kalbszungen aus dem Sud nehmen, kurz in kaltes Wasser legen, dann häuten und bis zum Anrichten in dem Sud warm halten.

4 Für die Tomaten-Balsamico-Vinaigrette die Tomaten halbieren, entkernen und in kleine Würfel schneiden. Die Tomatenwürfel in eine Schüssel geben, salzen und kurz ziehen lassen.

5 Das Olivenöl mit der Gemüsebrühe und dem Aceto balsamico zu einer Marinade verrühren. Diese über die Tomatenwürfel geben und gut verrühren. Mit Salz und Pfeffer abschmecken, dann das geschnittene Basilikum darüberstreuen.

6 Die Kalbszungen aus dem Sud nehmen, längs in dünne Tranchen schneiden, auf einer Servierplatte oder einem flachen Teller ausbreiten, dann leicht salzen und pfeffern. Die Tomaten-Balsamico-Vinaigrette darübergeben und alles mit dem Rucola garnieren.

T095 KALBSLEBER MIT OLIVEN-ZITRONE UND TOMATEN IN DER PAPILLOTTE

Zutaten für 4 Personen

600 g küchenfertige Kalbsleber

1 grüne Paprikaschote

4 reife Strauchtomaten (ca. 350 g), blanchiert und gehäutet

4 Schalotten

2 Knoblauchzehen, geschält und in Scheiben geschnitten

60 g entsteinte schwarze Oliven

2 unbehandelte Zitronen

Salz

frisch gemahlener Pfeffer

125 ml Olivenöl extra vergine

4 Zweige Thymian

Zubereitungszeit: ca. 50 Minuten plus 2 Stunden Marinierzeit

1 Die Kalbsleber in fingerdicke Streifen schneiden, in eine große Schüssel geben.
2 Die Paprikaschote waschen, halbieren, von Kernen und Scheidewänden befreien und in feine Streifen schneiden.
3 Die Tomaten vierteln, vom Stielansatz befreien, entkernen und jedes Viertel erneut halbieren.
4 Die Schalotten schälen und grob hacken.
5 Die Paprika, die Tomaten, die Schalotten, den Knoblauch und die Oliven zu der Kalbsleber in die Schüssel geben und gut durchmischen.
6 Den Saft einer Zitrone und die in Achtel geschnittene zweite Zitrone hinzufügen. Die Schüssel abdecken und die Leber 2 Stunden im Kühlschrank durchziehen lassen.
7 4 Stücke Backpapier auf ca. 40 × 50 cm zurechtschneiden.
8 Die Leber-Gemüse-Mischung auf die 4 Backpapierstücke verteilen. Alles mit Salz und Pfeffer bestreuen und mit dem Olivenöl beträufeln. Auf jede Portion einen Thymianzweig legen. Das Backpapier zu Päckchen zusammenklappen und die hochgeklappten Ecken mit Küchengarn fixieren.
9 Die Päckchen (Papillotten) auf ein Backblech legen und im auf 180°C vorgeheizten Backofen (mittlere Schiene) etwa 30 Minuten garen.
10 Die Papillotten auf 4 Tellern anrichten und servieren.

Dazu passt kräftiges Bauernbrot.

Zutaten für 4 Personen

1 Kaninchen (ca. 1,5 kg mit der Leber)

Salz

frisch gemahlener Pfeffer

5 EL Olivenöl extra vergine

4 Knoblauchzehen, grob gehackt

250 ml trockener Rotwein

10 g eingelegte Kapern

6 vollreife Tomaten (ca. 800 g)

3 Zweige Rosmarin

3–4 Zweige Thymian

3 frische Lorbeerblätter

100 g grüne Oliven (mit Stein)

frische Kräuter zum Garnieren

Zubereitungszeit: ca. 1 Stunde

1 Das Kaninchen in 10 bis 12 Stücke zerteilen und mit Salz und Pfeffer bestreuen. Die Kaninchenleber fein würfeln.

2 Das Olivenöl in einem Bräter erhitzen und die Kaninchenstücke darin von allen Seiten anbraten. Die Leberwürfel und den Knoblauch hinzufügen. Den offenen Bräter in den auf 190°C vorgeheizten Backofen schieben und das Kaninchen etwa 10 Minuten braten.

3 Den Bratensatz mit dem Rotwein ablöschen, dann die Kapern und 3 EL der Kapernmarinade hinzufügen. Das Kaninchen salzen und kräftig pfeffern.

4 Die Tomaten waschen, vierteln, vom Stielansatz befreien und mit dem Rosmarin, dem Thymian, den Lorbeerblättern und den Oliven in den Bräter geben.

5 Den Bräter abdecken und das Kaninchen bei 190°C weitere 25 Minuten im Backofen schmoren.

6 Das Kaninchen mit dem Schmorgemüse auf Tellern anrichten. Den Bratensaft mit Salz und Pfeffer abschmecken und um das Kaninchen geben. Nach Belieben mit frischen Kräutern garnieren.

Dazu passt Parmesanbrot – ein Fladenbrot in 2 cm breite Streifen schneiden, mit frisch geriebenem Parmesan bestreuen, mit Olivenöl beträufeln und im auf 200 °C vorgeheizten Backofen kurz überbacken.

Zutaten für 4 Personen

- 2 Birnen (ca. 250 g)
- 100 g frische Ananas, geschält und vom Strunk befreit
- 50 grüne Pistazienkerne
- 50 g Mandelblättchen
- 1 EL Butter
- 2 EL brauner Rohrzucker
- fein geriebene Schale von ½ Orange (Bioware)
- Saft von ½ Orange
- 1 TL Rosinen
- 1 TL fein geriebener Ingwer
- 1 Msp. Nelkenpulver
- 1 Msp. Zimtpulver
- ½ TL Anissamen
- 1 Vanillestange
- 1 Prise frisch gemahlener Pfeffer
- 12 kleine reife rote Tomaten
- 2 EL Butterflocken
- etwas Puderzucker
- frische Minze zum Bestreuen

Zubereitungszeit: ca. 35 Minuten

1 Die Birnen schälen, entkernen und klein würfeln.

2 Die Ananas klein würfeln und mit den Birnenwürfeln vermengen.

3 Die Pistazienkerne und die Mandelblättchen grob hacken.

4 1 EL Butter in einer Pfanne zerlassen. Den Zucker darin leicht karamellisieren, dann die Birnen- und Ananaswürfel sowie die Pistazien und Mandeln zugeben, schwenken und 2 bis 3 Minuten karamellisieren.

5 Die geriebene Orangenschale darüberstreuen und den Orangensaft zugeben.

6 Die Rosinen, den Ingwer, das Nelkenpulver, das Zimtpulver und die Anissamen zugeben, alles gut durchmengen und weitere 1 bis 2 Minuten köcheln lassen.

7 Die Vanilleschote längs halbieren, das Mark auskratzen und zu der Frucht-füllung geben. Die Fruchtfüllung pfeffern und die Pfanne vom Herd nehmen.

9 Von den Tomaten oben einen Deckel abschneiden. Die Tomaten mithilfe eines Teelöffels aushöhlen und die Füllung hineingeben.

10 Die Tomaten in eine Auflaufform setzen, mit den Butterflocken und dem Zucker bestreuen. Die ausgekratzte Vanilleschote in die Form geben. Die Tomaten im auf 200 °C vorgeheizten Backofen (mittlere Schiene) 8 bis 10 Minuten überbacken.

11 Die Tomaten auf 4 Tellern anrichten und mit dem Bratensaft übergießen, dann mit frischer Minze dekorieren.

AUS DEM GLAS

T 101

**Tomatengugelhupf
mit Mandeln und
Basilikumblättchen**

T 104

**Burrata mit
Bloody-Mary-Gelee**

T 105

**Tomatenpesto
mit Mandeln und Chili**

T 106

**Kartoffel-Rapunzel-Salat
mit Tomaten-Thymian-Marinade
und geräuchertem Felchen**

T 111

**Geschmorter
lila Blumenkohl mit
Tomatenmasala**

T 107

**Bouillabaisse mit
geräucherter Makrele
und Zander**

T 108

**Tomatenschaum mit
Forellenkaviargelee**

172

AUS DEM GLAS

T113

Pfifferlinge in Tomatencreme mit Serviettenschnitte

T114

Tiger Prawns in Ouzo-Tomaten-Sauce und gebackenem griechischem Käse

T118

Spaghetti mit Parmesan-Fleisch-Bällchen in Tomaten-Knoblauch-Sauce

T117

Gespickte Hühnerkeulen auf Kürbis-Tomaten

T124

Châteaubriand mit Gewürztraminer-Tomaten-Hollandaise

T120

Zimtwachteln mit Tomatenpilaw

T123

Kalbskarree mit Salbei-Thunfisch-Füllung und Tomatenpolenta

T098 TOMATENBAGUETTE MIT ROSMARIN

Für 4 Baguettestangen

50 g sehr saftige getrocknete Tomaten

2 EL frische Rosmarinnadeln

550 g Weizenmehl (Type 405)

1 Päckchen Trockenhefe

5 EL Olivenöl extra vergine

1 EL Salz

375 ml lauwarmes Wasser

etwas Weizenmehl für die Arbeitsfläche

etwas Olivenöl zum Bestreichen

Zubereitungszeit: ca. 2 Stunden und 30 Minuten

1 Die getrockneten Tomaten und den Rosmarin fein hacken.

2 Die Tomaten und den Rosmarin mit dem Mehl, der Hefe, dem Olivenöl, dem Salz und dem Wasser in eine große Rührschüssel geben und mit dem Handrührgerät (Knethaken) etwa 10 bis 20 Minuten zu einem glatten Teig verarbeiten. Die Schüssel mit einem Tuch abdecken und den Teig bei Zimmertemperatur etwa 40 Minuten gehen lassen.

3 Den Teig auf einer bemehlten Arbeitsfläche mit den bemehlten Händen durchkneten, dann in 4 gleich große Stücke teilen.

4 Jedes Teigstück nochmals so lange durchkneten, bis es glatt ist, dann jedes Stück zu einer Kugel formen.

5 Die Teigkugeln mit einem Tuch abdecken und bei Zimmertemperatur weitere 20 bis 30 Minuten gehen lassen.

6 Jede Teigkugel zu einem etwa 20 cm langen Teigstrang auseinanderziehen. Jeden Strang mit bemehlten Händen zu korkenzieherförmigen Baguettelaiben drehen. Die Baguettes auf ein mit Backpapier bedecktes Backblech legen, mit einem Tuch abdecken und bei Zimmertemperatur weitere 10 bis 15 Minuten gehen lassen.

7 Die Baguettelaibe mit Olivenöl bepinseln und im auf 200 °C vorgeheizten Backofen (Ober-/ Unterhitze) 30 bis 35 Minuten knusprig backen.

Dieses Brot lässt sich gut einfrieren. Backen Sie das tiefgekühlte Baguette im auf 180 °C vorgeheizten Backofen etwa 20 Minuten auf.

T099 GEROLLTES TOMATENBROT MIT BASILIKUM

Für 4 kleine Laibe

200 g in Öl eingelegte, getrocknete Tomaten, gut abgetropft

700 g griffiges Weizenmehl (Type 405)

1 gestrichener EL Salz

1 EL Trockenhefepulver

1 TL Zucker

300 ml lauwarmes Wasser

3 EL Tomatenpüree oder Tomatenmark

4 EL Olivenöl extra vergine

2 Handvoll Basilikumblättchen

Zubereitungszeit: ca. 3 Stunden und 15 Minuten

1 Die gut abgetropften Tomaten bei Bedarf mit Küchenkrepp trocken tupfen.

2 Das Mehl mit dem Salz, der Trockenhefe und dem Zucker in eine Rührschüssel geben und gut vermengen.

3 Das Wasser mit dem Tomatenpüree und dem Olivenöl verrühren und über die Mehlmischung gießen. Dann die gehackten Tomaten hinzufügen und alles in der Küchenmaschine mit Knethaken zu einem weichen, glatten Teig verarbeiten.

4 Die Schüssel mit einem Tuch bedecken und den Teig 1½ Stunden bei Zimmertemperatur gehen lassen.

5 Den Teig auf eine bemehlte Arbeitsfläche geben und mit den Händen geschmeidig kneten. Den Teig in 4 gleich große Stücke teilen, diese mit einem Tuch bedecken und weitere 30 Minuten gehen lassen.

6 Die 4 Teigstücke mit den Handflächen flach drücken und mit den Basilikumblättchen bestreuen, dann grob verkneten und zu 4 Laiben formen. Die Laibe auf ein leicht gefettetes Backblech legen und weitere 20 Minuten ruhen lassen.

7 Die Brotlaibe mit etwas kaltem Wasser beträufeln und im auf 180 °C vorgeheizten Backofen 40 bis 45 Minuten backen. (Das Brot ist fertig, wenn es sich beim Klopfen an der Unterseite hohl anhört.) Das fertige Brot aus dem Ofen nehmen und auf einem Kuchengitter vollständig auskühlen lassen.

T100 STANGENBRUSCHETTA MIT TOMATENCREME UND KNUSPERARTISCHOCKEN

Zutaten für 4 Personen

Für die Tomatencreme

150 g eingelegte Tomaten, gut abgetropft

80 g entsteinte schwarze Oliven

150 g Frischkäse

1 EL frische Rosmarinnadeln

1 kleine Chilischote

Salz

frisch gemahlener Pfeffer

T101

Für das Baguette

1 Baguette
2 EL Olivenöl extra vergine

Für die Artischocken

200 g eingelegte Artischocken
2 EL Olivenöl
4 EL gehackte Blattpetersilie

Zubereitungszeit: ca. 30 Minuten

1 Für die Tomatencreme die eingelegten Tomaten grob hacken, dann in einen hohen Rührbecher geben und mit dem Stabmixer fein pürieren.

2 Die Oliven grob hacken.

3 Den Frischkäse gründlich mit dem Tomatenpüree verrühren, dann die Oliven unterziehen.

4 Die Rosmarinnadeln und die nicht entkernte Chilischote fein hacken und in die Tomatencreme rühren. Die Tomatencreme mit Salz und Pfeffer abschmecken.

5 Das Baguette in 4 gleich große Stücke schneiden. Diese jeweils längs halbieren, mit den Schnittflächen nach oben auf ein Backblech legen, mit dem Olivenöl beträufeln und im auf 200°C vorgeheizten Backofen 5 bis 6 Minuten knusprig aufbacken.

6 Die Artischocken gut abtropfen lassen, halbieren und gründlich mit Küchenkrepp abtupfen.

7 Das Olivenöl in einer Pfanne erhitzen und die Artischocken darin knusprig braten.

8 Das Baguette aus dem Ofen nehmen, etwas abkühlen lassen, mit der Tomatencreme bestreichen, die Artischocken darauf verteilen und mit gehackter Petersilie bestreuen.

T101 TOMATENGUGELHUPF MIT MANDELN UND BASILIKUMBLÄTTCHEN

Zutaten für 4 Personen

Butter für die Formen
einige geriebene Mandelblättchen zum Ausstreuen der Formen
120 g in Öl eingelegte getrocknete Tomaten, gut abgetropft
4 Eier
2 EL Staubzucker (Puderzucker)
½ TL Salz
5 EL Olivenöl
125 ml trockener Weißwein
80 g Mandelkerne, grob gehackt

T101 TOMATENGUGLHUPF MIT MANDELN
UND BASILIKUMBLÄTTCHEN

2 EL grob geschnittenes Basilikum

200 g Weizenmehl (Type 405)

10 g Backpulver

Zubereitungszeit: ca. 30 Minuten

1 4 kleine Gugelhupfformen (ca. 10 cm Durchmesser) mit Butter ausfetten und mit den Mandelblättchen ausstreuen.

2 Die eingelegten Tomaten fein hacken.

3 Die Eier mit dem Staubzucker und dem Salz schaumig schlagen, dann nach und nach das Olivenöl und den Weißwein hineinrühren.

4 Die gehackten Mandeln und das Basilikum in den Teig rühren.

5 Das Mehl mit dem Backpulver mischen, in den Teig sieben und zügig unterrühren.

6 Den Teig in die vorbereiteten Gugelhupfformen füllen, die Oberflächen glatt streichen und die Gugelhupfe im auf 140°C vorgeheizten Backofen 18 bis 20 Minuten backen.

7 Die fertigen Gugelhupfe leicht abkühlen lassen, aus den Formen auf ein Kuchengitter stürzen und vollständig erkalten lassen, dann servieren.

Ideal fürs Picknick oder Sommerfest - der Gugelhupf lässt sich auch gut einfrieren.

T102 SCHWARZBROTTERRINE MIT SAINT AGUR UND GETROCKNETEN TOMATEN

Zutaten für 4 Personen

250 g gesalzene Butter

200 g Saint Agur (oder ein ähnlicher Blauschimmelkäse)

80 g in Öl eingelegte getrocknete Tomaten, gut abgetropft

100 g Frischkäse

5 g Pinienkerne, angeröstet

1 EL gehackter Thymian

Salz

frisch gemahlener Pfeffer

500 g Vollkornbrot, in Scheiben geschnitten

einige grüne Weintrauben

Zubereitungszeit: ca. 15 Minuten plus 5-6 Stunden Kühlzeit

1 Die weiche Butter in einer Rührschüssel mit dem Rührquirl des Handrührgeräts 1 bis 2 Minuten schaumig schlagen.

2 Die schaumige Butter in 2 Hälften teilen.

3 Den Saint Agur mit einer Gabel zerdrücken und mit einer Hälfte der Butter vermengen.

4 Die eingelegten Tomaten fein hacken.

5 Die restliche Butter gründlich mit dem Frischkäse vermengen, dann die Tomaten, die Pinienkerne und den Thymian hinzufügen und gut verrühren. Mit Salz und Pfeffer abschmecken.

6 Eine Terrinenform (ca. 1 l Fassungsvermögen) mit kaltem Wasser auspinseln und mit Klarsichtfolie auskleiden. Den Terrinenboden mit Vollkornbrot (etwa ein Drittel der Menge) bedecken, die Tomatencreme daraufgeben und glatt streichen. Die Tomatencreme wieder mit Vollkornbrot bedecken, die Saint-Agur-Creme daraufgeben und glatt streichen. Die Saint-Agur-Creme erneut mit Vollkornbrot bedecken und mit den Handflächen leicht andrücken.

7 Die Terrine mit Klarsichtfolie verschließen und mindestens 5 bis 6 Stunden (am besten über Nacht) im Kühlschrank erkalten lassen.

8 Die erkaltete Terrine aus dem Kühlschrank nehmen, von der Folie befreien und in 1 cm dicke Scheiben schneiden. Die Scheiben nochmals halbieren, auf Tellern anrichten und mit Weintrauben garnieren.

T103 MACCU – SIZILIANISCHE BOHNEN-TOMATEN-SUPPE

Zutaten für 6 Personen

300 g getrocknete weiße Bohnenkerne
1 weiße Gemüsezwiebel (ca. 80 g)
2 gehäufte TL Fenchelsamen
2 Lorbeerblätter
frisch gemahlener Pfeffer
Salz
1 rote Zwiebel (ca. 80 g)
2 Knoblauchzehen
4 EL Olivenöl extra vergine
5 in Öl eingelegte Tomaten (ca. 80 g), gut abgetropft
2 EL fein gehacktes Basilikum
1 getrocknete rote Chilischote, zerbröselt

Zubereitungszeit: ca. 2 Stunden plus Einweichzeit der Bohnen

1 Die Bohnenkerne über Nacht in reichlich kaltem Wasser einweichen.

2 Das Einweichwasser abschütten und die Bohnen in einen Topf geben.

3 Die weiße Zwiebel schälen und fein würfeln.

4 Die Fenchelsamen, die weiße Zwiebel und die Lorbeerblätter zu den Bohnen geben, mit 2¼ l kaltem Wasser aufgießen und mit Pfeffer würzen. (Wichtig: Die Bohnen jetzt noch nicht salzen, sonst wird ihre Haut hart.)

5 Das Bohnengemüse aufkochen und 10 Minuten kochen lassen, dann die Temperatur reduzieren und die Bohnen 40 bis 90 Minuten leicht köcheln

T104

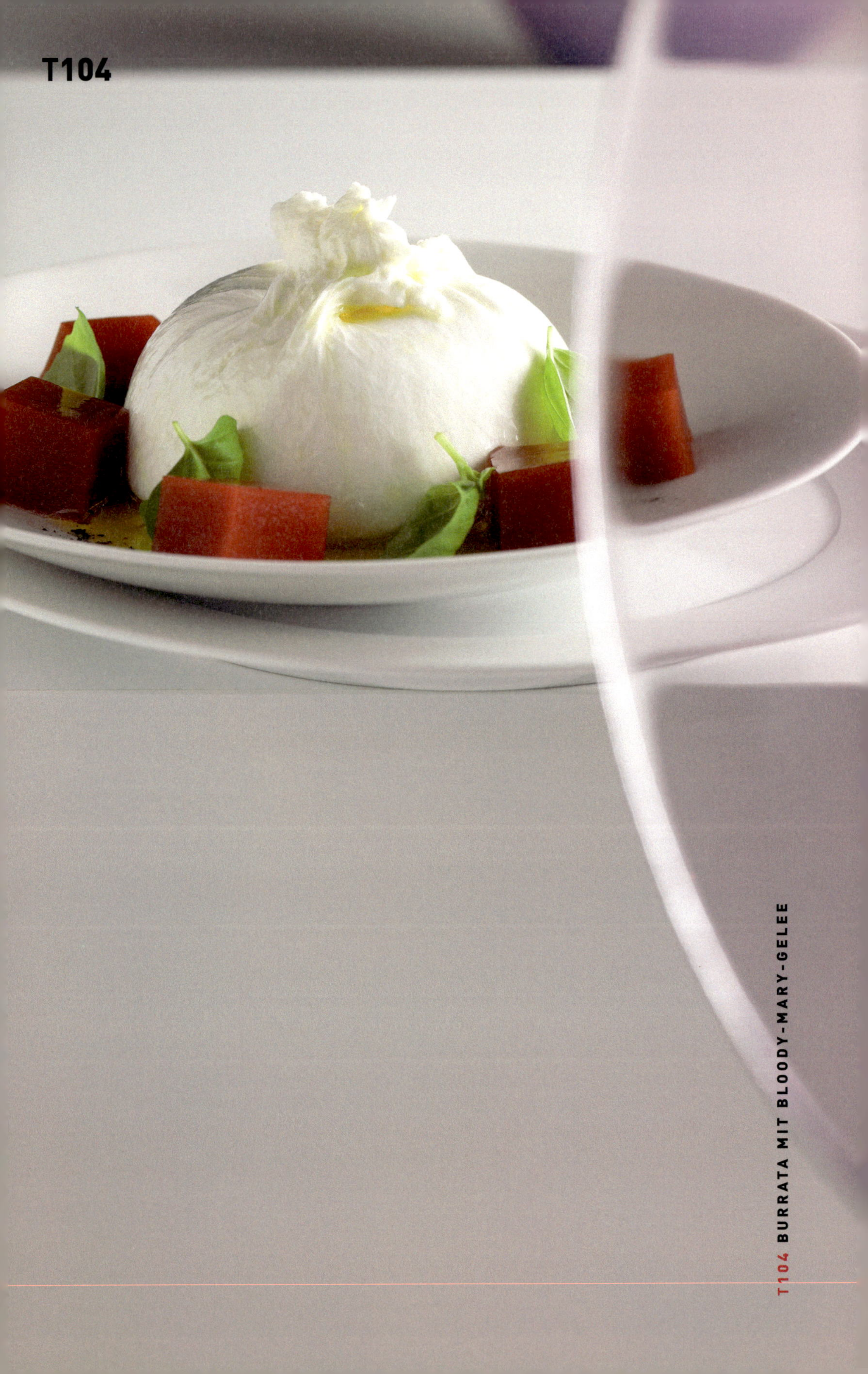

lassen, bis sie sehr weich sind. Die weichen Bohnen kräftig salzen, im Kochwasser belassen und mit dem Stabmixer pürieren, dann abschmecken.

6 Die rote Zwiebel und den Knoblauch schälen und klein würfeln.

7 Das Olivenöl in einer Pfanne erhitzen und die rote Zwiebel darin leicht bräunen. Dann den Knoblauch hineinrühren und die Tomaten, das Basilikum und den Chili hinzufügen und 1 bis 2 Minuten mitschwitzen, um die Tomaten zu erwärmen.

8 Die Bohnensuppe nochmals kurz erwärmen.

9 Die Bohnensuppe in 4 vorgewärmte Teller oder Tassen schöpfen, das Tomaten-Zwiebel-Röstgemüse darübergeben, leicht unterrühren und sofort servieren.

T104 BURRATA MIT BLOODY-MARY-GELEE

Zutaten für 4 Personen

4 Blatt weiße Gelatine
250 ml passierte Tomaten (siehe Rezept Tomate »Passata« Seite 48)
1 TL Kristallzucker
80 ml Wodka
2–3 EL Sojasauce
1 TL fein geriebene Orangenschale (Bioware)
1 Prise Cayennepfeffer
Salz
frisch gemahlener Pfeffer
2 große Kugeln Burrata (à ca. 250 g)
2 Handvoll Basilikumblättchen
etwas Olivenöl extra vergine

Zubereitungszeit: ca. 20 Minuten plus Kühlzeit des Gelees

1 Die Gelatine etwa 10 Minuten in kaltem Wasser einweichen.

2 Die passierten Tomaten mit dem Zucker in einen Topf geben und aufkochen. Den Topf vom Herd nehmen und den Wodka, die Sojasauce und die geriebene Orangenschale in das heiße Tomatenpüree rühren.

3 Die eingeweichte Gelatine ausdrücken und unter Rühren in dem heißen Tomatenpüree auflösen. Das Püree mit Cayennepfeffer, Salz und Pfeffer abschmecken, in eine flache Auflaufform füllen und mindestens 3 bis 4 Stunden (noch besser über Nacht) im Kühlschrank erstarren lassen.

4 Das erstarrte Bloody-Mary-Gelee mit einem in lauwarmes Wasser getauchten Messer in kleine Würfel schneiden.

5 Die Burratakugeln vierteln, auf 4 tiefe Teller verteilen und mit den Geleewürfeln garnieren. Alles mit den Basilikumblättchen bestreuen, mit etwas Olivenöl beträufeln und mit Salz und Pfeffer abrunden.

Burrata ist ein Weichkäse aus Apulien. Wie der Mozzarella ist er ein Filata-Käse, doch im Gegensatz dazu wird der Burrata ausschließlich aus Kuhmilch gewonnen.

T105 TOMATENPESTO MIT MANDELN UND CHILI

Ergibt etwa 400 ml

150 g in Öl eingelegte getrocknete Tomaten, gut abgetropft

60 g geschälte Mandelkerne

70 g junger Parmesan

2 Knoblauchzehen, geschält

1 getrocknete Chilischote

1 kleine Gewürznelke

200 ml fruchtiges Olivenöl extra vergine

Salz

frisch gemahlener Pfeffer

Zubereitungszeit: ca. 10 Minuten

1 Die Tomaten grob hacken und mit den Mandeln, dem zerbröckelten Parmesan, dem Knoblauch, der Chilischote, der Gewürznelke und dem Olivenöl im Mixer zu einer feinen Paste verarbeiten.

2 Das Pesto mit Salz und Pfeffer abschmecken und in saubere, fest verschließbare Gläser füllen und bis zur Verwendung im Kühlschrank aufbewahren.

Wenn Sie das Pesto zusätzlich mit 1 EL getrockneten Tomatenflocken zubereiten, schmeckt es noch intensiver.
Das Pesto ergibt einen guten Aufstrich für Bruschetta, es passt auch zu Pasta oder zu einem Stück Ziegen- oder Schaffrischkäse. Auch als Saucengewürz eignet es sich bestens.

T106 KARTOFFEL-RAPUNZEL-SALAT MIT TOMATEN-THYMIAN-MARINADE UND GERÄUCHERTEM FELCHEN

Zutaten für 4 Personen

Für die Marinade

1 große Zwiebel

1 große Knoblauchzehe

6 EL Olivenöl extra vergine

6 EL Weißweinessig

Für den Kartoffel-Rapunzel-Salat

1 kg festkochende Erdäpfel (Kartoffeln)
Salz
frisch gemahlener Pfeffer
50 g saftige getrocknete Tomaten
2 EL frisch gehackte Thymianblättchen
125–250 ml Rindssuppe
100 g Rapunzeln (Feldsalat), geputzt

Für den Felchen

300 g geräuchertes Reinankenfilet (Felchenfilet)

Zubereitungszeit: ca. 75 Minuten

1 Für die Marinade die Zwiebel und den Knoblauch schälen, fein hacken und gründlich mit dem Olivenöl und dem Weißweinessig verrühren.

2 Die Erdäpfel in reichlich Salzwasser weich kochen, dann schälen und in feine Scheiben schneiden.

3 Die Marinade über die Erdäpfelscheiben geben, vorsichtig vermengen und kräftig mit Salz und Pfeffer abschmecken.

4 Die getrockneten Tomaten gut abtropfen lassen, fein hacken und vorsichtig unter die Erdäpfel heben. Dann den gehackten Thymian hinzufügen. Den Erdäpfelsalat langsam mit der Rindssuppe auffüllen – dabei nach und nach gerade so viel Suppe hinzufügen, wie die Erdäpfel aufnehmen können. Den Salat etwa 30 Minuten ziehen lassen.

5 Das Reinankenfilet im auf 100 °C vorgeheizten Backofen etwa 10 Minuten erwärmen.

6 Den geputzten Feldsalat unter den Kartoffelsalat mengen und mit den Reinankenfilets anrichten.

Statt Reinanke können Sie auch geräucherten Karpfen oder Saibling zu dem Salat servieren.

T107 BOUILLABAISSE MIT GERÄUCHERTER MAKRELE UND ZANDER

Zutaten für 4 Personen

2 geräucherte Makrelenfilets (à 150 g)
2 Fenchelknollen (ca. 250 g)
4 Knoblauchzehen, geschält
100 g Butter
7 EL Olivenöl extra vergine
Salz
125 ml trockener Wermut

250 ml Hühnersuppe

250 ml passierte Tomaten (oder Tomatenconfit, siehe Seite 60)

1 TL Anissamen

2 Briefchen Safran

frisch gemahlener Pfeffer

4 EL gehackter Estragon oder Dill

4 Zanderfilets (à 125 g)

etwas gehackte Petersilie zum Garnieren

etwas Olivenöl extra vergine

Zubereitungszeit: ca. 40 Minuten

1 Die Makrelenfilets häuten und die Haut beiseitelegen. Die Filets vorsichtig entgräten, in mundgerechte Stücke schneiden und zugedeckt beiseitestellen.

2 Den Fenchel putzen und in feine Streifen schneiden.

3 Die Knoblauchzehen in feine Scheiben schneiden.

4 Die Hälfte der Butter (50 g) in einem großen Topf zerlassen und 3 EL Öl hinzugeben. Den Knoblauch darin kurz anrösten, dann die Fenchelstreifen hinzufügen und ebenfalls kurz anschwitzen, dann salzen und mit dem Wermut ablöschen. Danach mit der Hühnersuppe auffüllen, die passierten Tomaten hineinrühren und die Makrelenhaut in den Sud geben. Den Sud etwa 15 Minuten kochen lassen.

5 Die Makrelenhaut aus dem Sud nehmen. Den Sud auf 2 Töpfe verteilen, eine Hälfte pürieren. Das Püree mit dem restlichen Sud zusammengeben und aufkochen. Den Safran und die Anissamen zufügen. Alles 2 bis 3 Minuten köcheln lassen, mit Salz und Pfeffer abschmecken und die gehackten Kräuter hineinrühren. Den Topf vom Herd nehmen.

6 Die Zanderfilets in etwa 3 cm breite Streifen schneiden und auf beiden Seiten mit Salz und Pfeffer bestreuen.

7 Die restliche Butter in einer beschichteten Pfanne zerlassen, das restliche Öl hinzufügen und den Zander darin auf der Hautseite 1 Minute anbraten. Die Pfanne vom Herd nehmen, zudecken, den Zander 2 bis 3 Minuten ziehen lassen.

8 Den Zander und die Makrele auf 4 tiefen, vorgewärmten Tellern anrichten, den Fenchelsud darumgießen, mit etwas Petersilie garnieren und mit Olivenöl beträufeln.

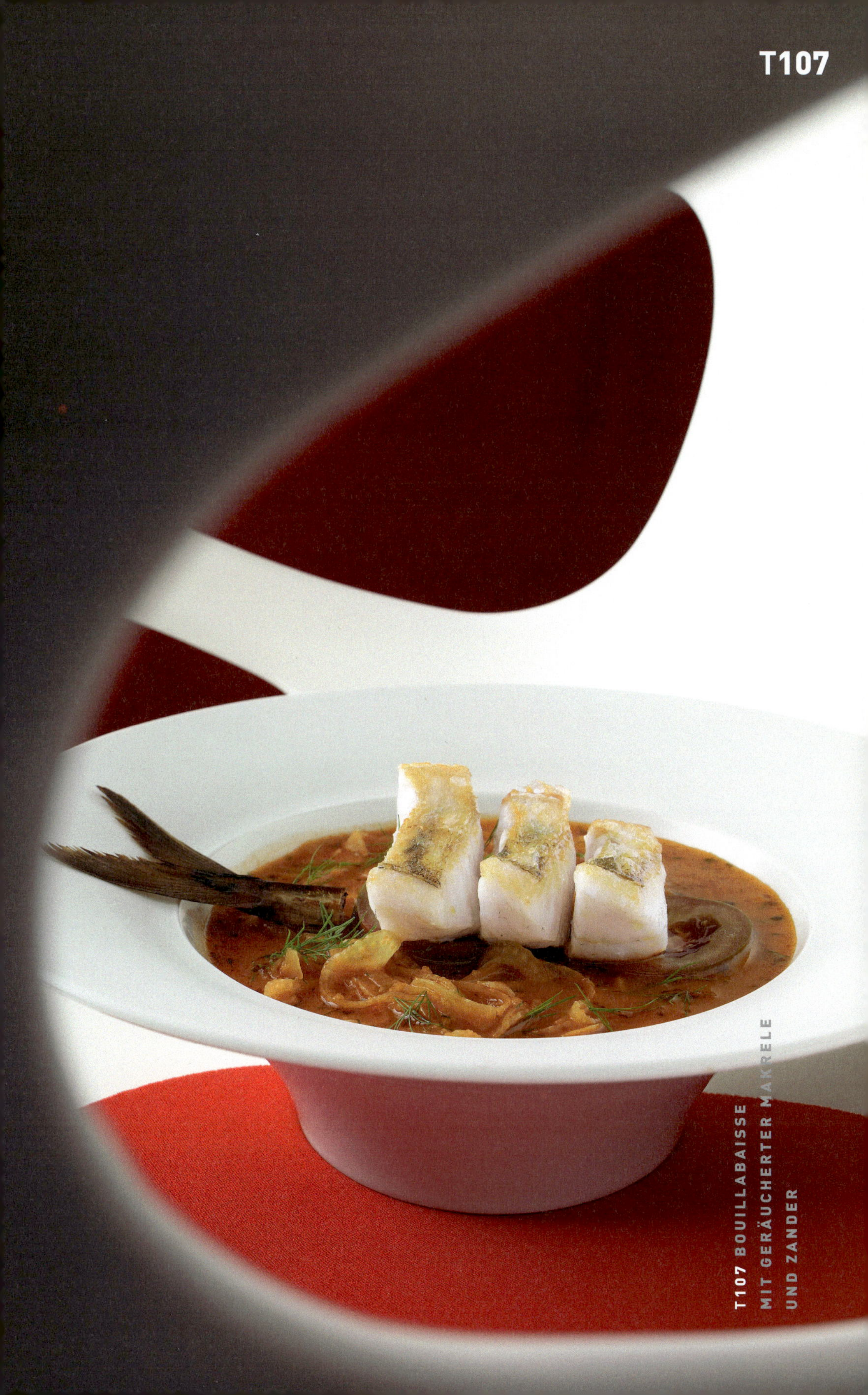

T107 BOUILLABAISSE
MIT GERÄUCHERTER MAKRELE
UND ZANDER

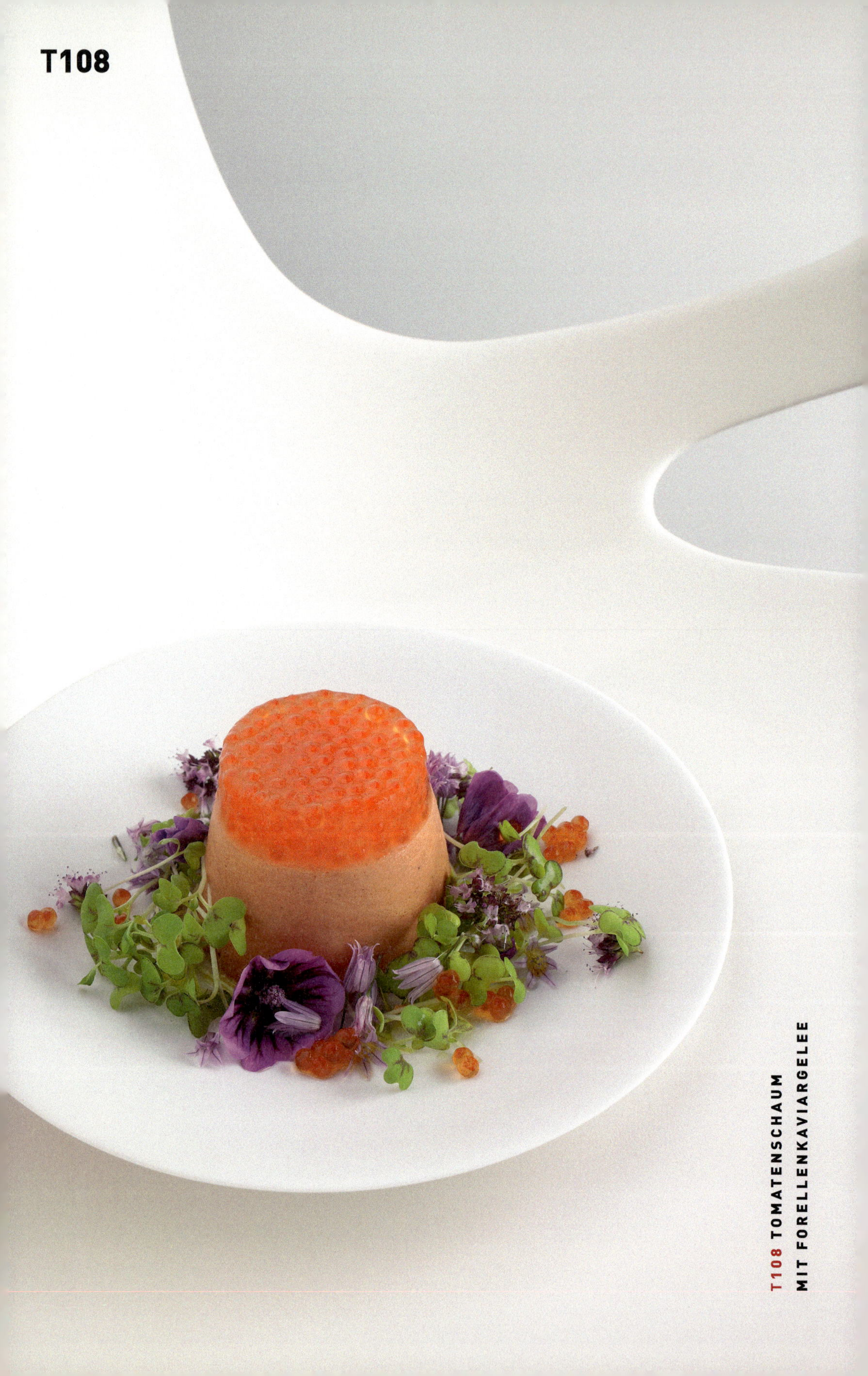

T108 TOMATENSCHAUM
MIT FORELLENKAVIARGELEE

Zutaten für 6 Personen

Für das Kaviargelee

3 Blatt weiße Gelatine

250 ml Fischfond (aus dem Glas)

1 Spritzer Zitronensaft

Salz

80 g Forellenkaviar

Für den Tomatenschaum

2 Schalotten

2 EL Traubenkernöl

300 g Dosentomaten

1 EL Tomatenmark

30 ml trockener Wermut

1 Zweig frischer Thymian

3 Blatt weiße Gelatine

125 ml Sahne

Salz

frisch gemahlener Pfeffer

einige in Olivenöl extra vergine und Zitronensaft marinierte Kräuter zum Garnieren

etwas Kaviar zum Garnieren

Zubereitungszeit: ca. 45 Minuten plus Kühlzeit des Gelees

1 Für das Forellenkaviargelee die Gelatine etwa 10 Minuten in kaltem Wasser einweichen.

2 Den Fischfond in einem kleinen Topf leicht erwärmen.

3 Die eingeweichte Gelatine gut ausdrücken und in dem warmen Fischfond auflösen. Den Fond mit Zitronensaft und Salz abschmecken. Den Topf mit dem Fischfond auf ein Eiswasserbad stellen, bis der Fond zu gelieren beginnt. Dann vorsichtig den Kaviar unter den gelierenden Fond heben und den Fond auf 6 Gläser oder Tassen verteilen. Die Gelees 4 bis 6 Stunden im Kühlschrank erkalten lassen.

4 Für den Tomatenschaum die Schalotten schälen und fein würfeln. Das Traubenkernöl in einer Pfanne erhitzen und die Schalotten darin glasig schwitzen, dann die Dosentomaten (mit ihrem Saft), das Tomatenmark, den Wermut und den Thymian hinzufügen. Die Sauce 15 Minuten köcheln lassen.

5 Die Gelatine etwa 10 Minuten in kaltem Wasser einweichen.

6 Die heiße Tomatensauce durch ein Sieb passieren. Die eingeweichte Gelatine ausdrücken und in der heißen Tomatensauce auflösen. Die Sauce mit Salz und Pfeffer abschmecken und vollständig abkühlen lassen.

7 Die Sahne steif schlagen und unter die Tomatensauce ziehen, bevor diese ganz geliert. Die Tomatensahne auf die Oberflächen der Kaviargelees streichen. Die Gelees erneut mindestens 2 Stunden im Kühlschrank erkalten lassen.

8 Die Gelees etwa 10 Minuten vor dem Servieren aus dem Kühlschrank nehmen. Die Tassen kurz in heißes Wasser tauchen und die Gelees auf Servierteller stürzen. Die Gelees mit den Kräutern und einigen Kaviarperlen garnieren.

T109 WANDL-BROT MIT GETROCKNETEN TOMATEN UND SCHINKENSPECK

Zutaten für 4 Personen

150 g in Öl eingelegte, getrocknete Tomaten, gut abgetropft
100 g entsteinte schwarze Oliven
50 g eingelegte grüne Pfefferkörner
500 g Weizenmehl (Type 405)
1 Päckchen Backpulver
1 TL Salz
250 g Topfen (Quark, 20% Fettgehalt)
3 Eier (Größe L)
100 ml Olivenöl extra vergine
2 TL Anissamen
Butter und Mehl für die Form
100 g Schinkenspeck, dünn aufgeschnitten

Zubereitungszeit: ca. 70 Minuten

1 Die getrockneten Tomaten grob hacken. Die Oliven vierteln. Die Pfefferkörner grob zerstoßen.

2 Das Mehl mit dem Backpulver und dem Salz in eine Rührschüssel sieben. Den Topfen, die Eier, das Olivenöl und 1 TL Anissamen mit dem zerstoßenen Pfeffer zu dem Mehl in die Schüssel geben und alles in der Küchenmaschine (Knethaken) zu einem glatten Teig verarbeiten.

3 Eine Kastenform (26 cm Länge) mit Butter auspinseln und mit Mehl ausstäuben.

4 Den Teig auf einer bemehlten Arbeitsfläche zu einem Rechteck von ca. 26 × 25 cm ausrollen. Die Teigplatte mit dem Schinkenspeck belegen. Die gehackten Tomaten und die Oliven darüberstreuen und den Teig zusammenrollen.

5 Die Teigrolle mit der Nahtstelle nach unten in die Kastenform legen, die Oberfläche mehrmals mit einem Messer einritzen, mit dem restlichen Anis

bestreuen und im auf 160 °C Umluft (180 °C Ober-/Unterhitze) vorgeheizten Backofen 50 bis 55 Minuten backen.

6 Das fertige Brot aus dem Ofen nehmen, etwas abkühlen lassen, auf ein Kuchengitter stürzen und erkalten lassen.

Das Brot schmeckt am besten ganz frisch mit einem Glas Rotwein.

T110 TOMATEN-KRAUT-SUPPE MIT SPECKSAUERRAHM

Zutaten für 4 Personen

500 g Weißkraut
1 große Zwiebel (ca. 120 g)
180 g Bauchspeck
3 EL Sonnenblumenöl
2 EL edelsüßes Paprikapulver
2 EL Tomatenmark
400 g passierte Tomaten (aus der Dose oder Tomaten »Passata« siehe Rezept Seite 48)
500 ml Rindssuppe
½ TL Kümmelsamen
3 Knoblauchzehen, fein gehackt
2 frische Lorbeerblätter
1 große mehlig kochende Kartoffel (ca. 180 g)
Salz
frisch gemahlener Pfeffer
375 ml Sauerrahm
2 EL fein gehackte Blattpetersilie

Zubereitungszeit: ca. 75 Minuten

1 Das Weißkraut putzen und in feine Streifen schneiden.
2 Die Zwiebel schälen und in dünne Scheiben schneiden.
3 Den Speck in kleine Würfel schneiden.
4 Das Sonnenblumenöl in einem Topf erhitzen und die Speckwürfel darin knusprig braten. Die Hälfte der Speckwürfel aus dem Topf nehmen und beiseitestellen.
5 Die Zwiebelscheiben in dem Topf mit dem Speck anbraten, dann mit dem Paprikapulver bestreuen und das Tomatenmark hineinrühren und kurz weiterbraten.
6 Das Weißkraut zu der Zwiebel-Speck-Mischung geben und gut vermengen, dann leicht salzen und alles 2 bis 3 Minuten weiterschwitzen. Danach mit den passierten Tomaten und der Rindssuppe auffüllen. Den Kümmel, den Knoblauch und die Lorbeerblätter zufügen und die Suppe bei mittlerer Temperatur etwa 30 Minuten köcheln lassen.

7 Die Kartoffel schälen, fein raspeln und in die Suppe geben. Die Suppe bei niedriger Temperatur weitere 20 Minuten köcheln lassen, dann mit Salz und Pfeffer abschmecken.

8 Die beiseitegestellten Speckwürfel fein hacken, mit dem Sauerrahm und der Petersilie vermengen und mit Salz und Pfeffer abschmecken.

9 Die Suppe in 4 tiefen Tellern anrichten und je 1 EL Specksauerrahm obenauf setzen. Den restlichen Specksauerrahm separat dazu reichen.

T111 GESCHMORTER LILA BLUMENKOHL MIT TOMATENMASALA

Zutaten für 4 Personen

2 Knoblauchzehen
20 g frischer Ingwer
3 EL Sonnenblumenöl
1 TL Kreuzkümmelsamen
3 EL dick eingekochtes Tomatenpüree oder Tomatenmark
200 g passierte Tomaten aus der Dose (oder Tomaten »Passata« siehe Seite 48)
1 Chilischote
1 TL Garam-Masala-Pulver (erhältlich im Asialaden)
½ TL Kurkumapulver
1 TL brauner Zucker
8 kleine lilafarbene Karfiolköpfe (lila Blumenkohl)
Salz
Sesamöl
4 EL gehacktes Koriandergrün

Zubereitungszeit: ca. 40 Minuten

1 Den Knoblauch und den Ingwer schälen und klein würfeln.

2 Das Sonnenblumenöl in einer Kasserolle erhitzen, den Kreuzkümmel darin kurz anrösten, dann den Knoblauch und den Ingwer zugeben und kurz mitrösten.

3 Das Tomatenmark zugeben und alles gut verrühren, dann die passierten Tomaten unterziehen.

4 Die Chilischote längs halbieren und fein hacken. Die gehackte Chili, das Garam-Masala-Pulver, das Kurkumapulver und den Zucker in die Tomatensauce rühren. Die Tomatensauce aufkochen.

5 Die ganzen Karfiolköpfe in die Tomatensauce geben, etwa 250 ml Wasser angießen und den Karfiol im geschlossenen Topf bei geringer Hitze etwa 30 Minuten weich garen. Den garen Karfiol salzen, mit dem Tomatenmasala auf 4 Tellern anrichten, mit etwas Sesamöl beträufeln und mit dem Koriandergrün bestreuen.

Statt Tomatenmark und Chilischote können Sie 4 EL scharfe Tomatenpaste (siehe Rezept Seite 50) verwenden.

**T112 KARTOFFELSTRUDEL MIT STEINPILZEN UND
TOMATEN-ZITRONEN-PESTO**

Zutaten für 4 Personen

Für das Tomaten-Zitronen-Pesto

80 g in Öl eingelegte, getrocknete Tomaten, gut abgetropft

30 g geschälte Mandelkerne

30 g frisch geriebener Parmesan

1 Knoblauchzehe

120 ml Olivenöl

1 EL Aceto balsamico

½ TL frisch geriebene Zitronenschale (Bioware)

Salz

frisch gemahlener Pfeffer

Für die Füllung

500 g mehlig kochende Kartoffeln

400 g frische Steinpilze

2 Knoblauchzehen

50 g Butter

2 Eigelb

2 EL Crème fraîche

4 EL gehackte Blattpetersilie

Salz

frisch gemahlener Pfeffer

Für den Strudelteig

2 Blatt Strudelteig oder Filoteig (ca. 50 g)

80 g flüssige Butter

Zubereitungszeit: ca. 75 Minuten

1 Für das Pesto die eingelegten Tomaten grob hacken und mit den Mandeln,
   dem Parmesan, dem Knoblauch, dem Olivenöl und 2-3 EL heißem Wasser in
   einen hohen Rührbecher geben. Die Zutaten mit dem Stabmixer zu einem
   groben Pesto verarbeiten. Das Pesto mit dem Aceto balsamico und dem
   Zitronenabrieb würzen und mit Salz und Pfeffer abschmecken. Das Pesto
   abdecken und beiseitestellen.

2 Die Kartoffeln schälen, in reichlich Salzwasser weich kochen, dann
   abschütten, kurz abkühlen lassen, dann mit einer Gabel zerdrücken.

3 Die Steinpilze putzen und grob hacken.

4 Den Knoblauch schälen und feinblättrig schneiden.

5 Die Butter in einer Pfanne zerlassen und den Knoblauch darin kurz anschwitzen. Die Pilze in die Pfanne geben und so lange braten, bis die entstandene Flüssigkeit verkocht ist.

6 Die abgekühlten gebratenen Pilze mit den zerdrückten Kartoffeln, den Eigelb, der Crème fraîche und der gehackten Petersilie verrühren. Die Füllung mit Salz und Pfeffer abschmecken.

7 Das erste Strudelblatt auf ein leicht befeuchtetes Küchentuch legen und mit flüssiger Butter bepinseln. Das zweite Strudelblatt darüberlegen und ebenfalls mit Butter bepinseln. Die Steinpilz-Kartoffel-Füllung auf das untere Ende des Strudelteigs geben, dabei links und rechts einen Rand frei lassen. Die Ränder auf die Füllung klappen. Den Strudelteig dann mithilfe des Küchentuchs einrollen.

8 Den Strudel auf ein gefettetes Backblech legen und im auf 190 °C vorgeheizten Backofen etwa 20 bis 25 Minuten knusprig braun backen.

9 Den fertigen Strudel aus dem Ofen nehmen, noch heiß in Stücke schneiden und mit dem Pesto servieren.

Statt mit Pesto können Sie den Strudel auch mit dem Tomatenconfit (siehe Seite 60) servieren. Das Confit hier mit Salz, Pfeffer und Olivenöl abschmecken.

T113 PFIFFERLINGE IN TOMATENCREME MIT SERVIETTENSCHNITTE

Zutaten für 4 Personen

Für die Serviettenschnite

400 g altbackenes Toastbrot oder Sandwichbrot

125 ml Milch

100 g Butter

3 Eigelb

3 EL fein gehackte Petersilie

Salz

etwas frisch geriebene Muskatnuss

3 Eiweiß

etwas flüssige Butter

Für die Sauce

1 kleine Zwiebel

1 Knoblauchzehe

50 g in Öl eingelegte, getrocknete Tomaten, gut abgetropft

40 g Butter

800 g Eierschwammerl (Pfifferlinge), geputzt

| 2 EL Weizenmehl (Type 405) |
| 1 EL gehackte Thymianblättchen |
| 125 ml Hühnersuppe |
| 125 ml Sahne |
| Salz |
| frisch gemahlener Pfeffer |
| 2 EL fein gehackte Blattpetersilie |

Zubereitungszeit: ca. 1 Stunde

1 Das Brot klein würfeln, mit der zimmerwarmen Milch übergießen und 10 Minuten quellen lassen.

2 Die Butter zerlassen, etwas abkühlen lassen, dann in einer kleinen Schüssel mit den Eigelb verquirlen und über die Brotwürfel geben. Die gehackte Petersilie untermengen, mit Salz und Muskat abschmecken und locker vermengen.

3 Die Eiweiß steif schlagen und unter den Knödelteig heben.

4 Ein befeuchtetes Geschirrtuch mit etwas zerlassener Butter bestreichen. Den Knödelteig zu einem Striezel (Laib) formen, auf ein Ende des Tuchs legen, das Tuch locker eindrehen, und die Enden gut mit Küchengarn verknoten.

5 In einem großen, hohen Topf reichlich Salzwasser zum Kochen bringen. Den Serviettenknödel hineinlegen und im leicht wallenden Wasser etwa 30 Minuten gar ziehen lassen.

6 Für die Sauce die Zwiebel und den Knoblauch schälen und fein hacken.

7 Die gut abgetropften Tomaten fein hacken.

8 Die Butter in einem Topf aufschäumen. Die Zwiebel und den Knoblauch darin kurz anschwitzen, dann die gehackten Tomaten hinzufügen und kurz mitschwitzen.

9 Große Eierschwammerl halbieren. Die Schwammerl in den Topf geben und mitschwitzen, bis alle Flüssigkeit verkocht ist. Mit dem Mehl bestäuben, dann den Thymian hinzufügen.

10 Die Pilze mit der Hühnersuppe und der Sahne auffüllen. Die Sauce 2 bis 3 Minuten köcheln lassen, dann mit Salz und Pfeffer abschmecken und die Petersilie untermengen.

11 Den Knödel aus der Serviette nehmen und in längliche Schnitten schneiden. Mit den Eierschwammerln anrichten.

T114 TIGER PRAWNS IN OUZO-TOMATEN-SAUCE UND GEBACKENEM GRIECHISCHEM KÄSE

Zutaten für 4 Personen

800 ml Tomatensauce (siehe Rezept Tomatensauce »Santorini« Seite 45)

250 g milder Fetakäse

4 Frühlingszwiebeln

4 Knoblauchzehen

16 Tiger Prawns (Riesengarnelen), geschält

60 ml Olivenöl extra vergine

¼ TL Anissamen

80 ml Ouzo (griechischer Anisschnaps)

frisch gemahlener Pfeffer

1 EL frisch gepresster Zitronensaft

Olivenöl extra vergine zum Beträufeln

etwas Meersalz

Zubereitungszeit: ca. 30 Minuten

1 Die Tomatensauce in eine flache Auflaufform füllen, den Fetakäse darüberbröckeln und 3 bis 7 Minuten in den auf 180°C vorgeheizten Backofen geben. (Der Feta muss weich werden.)

2 Die Frühlingszwiebeln putzen und schräg in ½ cm dicke Scheiben schneiden.

3 Den Knoblauch schälen und in feine Scheiben schneiden.

4 Die Riesengarnelen der Länge nach halbieren und den Darm entfernen.

5 Das Olivenöl in einer Pfanne erhitzen und die Anissamen darin kurz anrösten, dann die Riesengarnelen hinzufügen und 1 bis 2 Minuten mitbraten. Danach den Knoblauch und die Frühlingszwiebeln dazugeben und bei sehr starker Hitze 1 bis 2 Minuten braten.

6 Mit dem Ouzo ablöschen, alles kurz durchschwenken und pfeffern. Die Mischung dann aus der Pfanne komplett in die Tomatensauce geben. Die Ofentemperatur auf 70°C reduzieren und die Riesengarnelen in der Tomaten-Ouzo-Sauce 10 bis 12 Minuten im Ofen ziehen lassen.

7 Die Auflaufform aus dem Ofen nehmen, das Gericht mit etwas Zitronensaft und Olivenöl beträufeln, dann mit etwas Meersalz bestreuen und lauwarm servieren.

Dazu passt Pitabrot oder frisches Weißbrot.

T114 TIGER PRAWNS IN OUZO-TOMATEN-SAUCE UND GEBACKENEM GRIECHISCHEM KÄSE

T115 LACHSWÜRFEL IN KNOBLAUCH-CASHEW-BRÖSELN AUF TOMATENSPINAT

Zutaten für 4 Personen

Für die Knoblauch-Cashew-Brösel

50 g Cashewkerne (ungesalzen und ungeröstet)

2 Knoblauchzehen

60 g Butter

100 g Semmelbrösel

½ TL Kurkumapulver

Für den Tomatenspinat

1 Knoblauchzehe

80 g in Öl eingelegte, getrocknete Tomaten, gut abgetropft

50 g Butter

½ TL brauner Rohrzucker

500 g Blattspinat, blanchiert (oder aufgetauter TK-Spinat)

1 Msp. gemahlener Zimt

Salz

frisch gemahlener Pfeffer

Für die Lachswürfel

4 Lachsfilets, ohne Haut (à 180 g)

etwas frisch gepresster Zitronensaft

Salz

4 EL Sonnenblumenöl

Zubereitungszeit: ca. 30 Minuten

1 Für die Brösel die Cashewkerne grob hacken.

2 Den Knoblauch schälen und fein hacken.

3 Die Butter in einer Pfanne zerlassen und den Knoblauch darin kurz anschwitzen, dann die gehackten Cashewkerne hinzufügen und kurz mitschwitzen. Die Semmelbrösel und den Kurkuma in die Pfanne geben und die Mischung unter ständigem Rühren zu goldbraunen Bröseln braten. Die Pfanne vom Herd nehmen und beiseitestellen.

4 Für den Tomatenspinat den Knoblauch schälen und feinblättrig schneiden.

5 Die eingelegten Tomaten in feine Streifen schneiden.

6 Die Butter in einer Pfanne aufschäumen. Den Knoblauch und die Tomaten darin kurz anrösten, dann den Zucker darüberstreuen.

7 Den Spinat hinzufügen, alles gut durchmengen, dann mit Zimt, Salz und Pfeffer abschmecken und 4 bis 5 Minuten bei geringer Hitze durchziehen lassen.

8 Jedes Lachsfilet in 3 Stücke schneiden, mit dem Zitronensaft beträufeln und salzen.

9 Das Sonnenblumenöl in einer Pfanne erhitzen und die Lachswürfel darin von jeder Seite 1 Minute anbraten, dann in den Bröseln wälzen.

10 Die Lachswürfel mit dem Tomatenspinat auf 4 Tellern anrichten und servieren.

Statt Spinat können Sie auch Mangold verwenden.

T116 ZANDER IM TOMATENNETZ MIT SELLERIESAMT

Zutaten für 4 Personen

Für den Zander

1 kleines Schweinenetz (ca. 100 g)

2 EL Weißweinessig

4 dicke Zanderfilets (à 120 g)

fein geriebene Schale von ½ Zitrone (Bioware)

Salz

frisch gemahlener Pfeffer

150 g Bauchspeck

130 g Frühlingszwiebeln

200 g Mangoldblätter

80 g in Öl eingelegte Tomaten, gut abgetropft

½ TL Zucker

Für den Selleriesamt

250 g Staudensellerie

250 g Knollensellerie

30 g Butter

250 ml Geflügelfond

1 frisches Lorbeerblatt

2 Zweige Thymian

10 g Ingwer, fein gerieben

150 ml Sahne

1 Spritzer weißer Aceto balsamico

Salz

frisch gemahlener Pfeffer

Zubereitungszeit: ca. 1 Stunde

1 Das Schweinenetz mit Wasser bedecken und den Essig hinzufügen.

2 Die Zanderfilets mit der fein geriebenen Zitronenschale, Salz und Pfeffer bestreuen, dann mit Frischhaltefolie bedecken und im Kühlschrank kalt stellen.

3 Den Bauchspeck klein würfeln.

4 Die Frühlingszwiebeln und den Mangold putzen und in feine Streifen schneiden.

5 Die eingelegten Tomaten in feine Streifen schneiden.

6 Eine Pfanne ohne Fettzugabe erhitzen, die Speckwürfel darin knusprig braten, dann mit dem Zucker bestreuen. Die Zwiebeln hinzufügen und kurz mitschwitzen, dann den Mangold zugeben. Das Gemüse garen, bis alle Flüssigkeit verkocht ist. Dann die Tomatenstreifen zugeben und eventuell etwas nachsalzen. Das Gemüse vom Herd nehmen und abkühlen lassen.

7 Das Schweinenetz aus dem Essigwasser nehmen, gut ausdrücken, auf einem feuchten Tuch ausbreiten und in 4 etwa 15 × 15 cm große Quadrate schneiden.

8 In die Mitte jedes Schweinenetzes ein Zanderfilet legen, die Gemüsemischung darauf verteilen, dann jedes Netz zu einem Päckchen einschlagen und die Päckchen kalt stellen.

9 Für den Selleriesamt den Staudensellerie putzen und in feine Scheiben schneiden. Den Knollensellerie putzen und grob raspeln.

10 Die Butter in einem Topf zerlassen und beide Selleriesorten darin andünsten, dann mit dem Geflügelfond auffüllen, das Lorbeerblatt, den Thymian und den Ingwer hinzufügen und das Gemüse weich garen.

11 Eine Pfanne ohne Fettzugabe erhitzen und die Zanderpäckchen darin bei mittlerer Temperatur von jeder Seite 5 Minuten anbraten, dann im auf 200 °C vorgeheizten Backofen (Ober-/Unterhitze) 10 Minuten fertig garen.

12 Das Selleriegemüse mit der Sahne auffüllen und wieder erhitzen, das Lorbeerblatt und den Thymian entfernen und das Gemüse mit dem Stabmixer samtig pürieren. Den Selleriesamt mit etwas Aceto balsamico, Salz und Pfeffer abschmecken.

13 Die Zanderpäckchen auf 4 vorgewärmten Tellern anrichten und mit dem Selleriesamt servieren.

T117 GESPICKTE HÜHNERKEULEN AUF KÜRBIS-TOMATEN

Zutaten für 4 Personen

Für die gespickten Hühnerkeulen

12 Hühnerunterschenkel (à 100 g)

4 Zweige Rosmarin

12 Blätter Salbei

Salz

frisch gemahlener Pfeffer

3 EL Olivenöl extra vergine

1 EL Butter

Für die Kürbis-Tomaten

1 kleiner Hokkaidokürbis (ca. 1 kg)

2 Zwiebeln (ca. 200 g)

80 g in Öl eingelegte, getrocknete Tomaten, gut abgetropft

4 EL Olivenöl

Saft von 1 Orange

250 ml Gemüsefond

Salz

frisch gemahlener Pfeffer

Schale von ¼ Orange, fein gerieben (Bioware)

125 g Crème fraîche

2 EL fein gehackte Blattpetersilie

Zubereitungszeit: ca. 1 Stunde

1 Das Fleisch der Hühnerkeulen am oberen Gelenk mit einem scharfen Messer bis zum Knochen einschneiden. Das Fleisch und die Haut nach unten schieben und den oberen Knorpel abtrennen.

2 Jeden Rosmarinzweig in 3 Stücke schneiden. Je ein Blatt Salbei und ein Stück Rosmarin zwischen Haut und Fleisch der Hühnerkeulen stecken. Die Keulen salzen und pfeffern.

3 Das Öl in einer Pfanne erhitzen. Die Butter darin aufschäumen und die Hühnerkeulen darin von allen Seiten goldbraun anbraten. Dann die Pfanne vom Herd nehmen.

4 Den Kürbis waschen, halbieren, entkernen und in dünne Spalten schneiden.

5 Die Zwiebeln schälen und in dünne Streifen schneiden.

6 Die Tomaten in feine Streifen schneiden.

7 Das Olivenöl in einer Pfanne erhitzen und die Zwiebeln darin kurz anbraten. Dann den Kürbis und die Tomaten hinzufügen und kurz mitbraten. Das Gemüse mit dem Orangensaft ablöschen, dann mit dem Gemüsefond auffüllen und aufkochen. Mit Salz und Pfeffer abschmecken.

8 Das Gemüse in eine Auflaufform füllen, den Orangenabrieb darüberstreuen und die Crème fraîche darauf verteilen. Die Hühnerkeulen auf das Tomaten-Kürbis-Bett legen, den Bratensatz aus der Pfanne darüberträufeln und die Hühnerkeulen im auf 170°C vorgeheizten Backofen etwa 30 bis 35 Minuten garen.

9 Je 3 gare Hühnerkeulen mit etwas Tomaten-Kürbis-Gemüse auf 4 Tellern anrichten und alles mit der gehackten Petersilie bestreuen.

Zutaten für 4 Personen

Für die Sauce

5 Knoblauchzehen

3 EL Olivenöl extra vergine

2 EL dick eingekochtes Tomatenpüree oder Tomatenmark

2 EL brauner Rohrzucker

1 EL Pimentón de la Vera (geräuchertes Paprikapulver)

2 Gewürznelken

850 g geschälte Dosentomaten

Salz

Für die Fleischbällchen

4 Scheiben Weißbrot bzw. Toastbrot (ca. 100 g)

125 ml Milch

500 g gemischtes Faschiertes (Hackfleisch)

4 EL frisch geriebener Pecorino

4 EL frisch geriebener junger Parmesan

1 Ei

1 TL getrockneter Majoran

3 EL fein gehackte Blattpetersilie

4 EL Olivenöl extra vergine

Salz

frisch gemahlener Pfeffer

Für die Spaghetti

500 g Spaghetti

Salz

50 g weiche Butter

4 EL Olivenöl extra vergine

etwas frisch geriebener Pecorino oder Parmesan

Zubereitungszeit: ca. 1 Stunde

1 Für die Sauce den Knoblauch schälen und fein würfeln.

2 Das Olivenöl in einem großen, breiten Topf erhitzen und den Knoblauch darin anschwitzen. Das Tomatenmark, den Zucker, den Pimentón de la Vera und die Gewürznelken hinzufügen und kurz mitrösten. Dann die Dosentomaten mit ihrem Saft hinzufügen und mit 100 ml Wasser auffüllen. Die Sauce mit Salz abschmecken und bei geringer Temperatur 8 bis 10 Minuten köcheln lassen.

T118 SPAGHETTI MIT PARMESAN-FLEISCH-BÄLLCHEN IN TOMATEN-KNOBLAUCH-SAUCE

3 Für die Fleischbällchen das Brot in Würfel schneiden.

4 Die Milch in einen Topf geben, erwärmen, über die Brotwürfel gießen und 10 Minuten ziehen lassen.

5 Das Hackfleisch mit dem Pecorino, dem Parmesan, dem Ei, dem Majoran, der Petersilie und dem Olivenöl in eine Schüssel geben und locker vermengen.

6 Das eingeweichte Brot gut ausdrücken, zu der Hackfleischmasse geben und erneut locker vermengen, dann kräftig mit Salz und Pfeffer würzen.

7 Aus der Hackfleischmischung mit angefeuchteten Händen kleine Bällchen formen, diese in die köchelnde Sauce legen. Die Fleischbällchen etwa 20 Minuten bei geringer Temperatur ziehen lassen.

8 Die Spaghetti in reichlich Salzwasser al dente kochen, dann abschütten, mit der weichen Butter vermengen, in 4 tiefen Pastatellern anrichten und die Tomatensauce sowie die Fleischbällchen darauf verteilen. Jede Portion nach Belieben mit etwas Olivenöl beträufeln und mit geriebenem Pecorino oder Parmesan bestreuen.

Wenn Sie eine schärfere Sauce servieren wollen, mengen Sie eine kleine gehackte Chilischote unter die Fleischbällchenmasse.
Servieren Sie das Gericht mit kurz angebratenen Cocktailtomaten – so ist es auf dem Rezeptfoto zu sehen.

T119 STROZZAPRETI MIT ENTENSUGO UND HERBSTTROMPETEN

Zutaten für 4 Personen

2 Entenbrustfilets (à 200 g, mit Haut)
5 Wacholderbeeren
1 EL Pfefferkörner, grob geschrotet
1 Zwiebel
1 Karotte (ca. 80 g)
1 Petersilienwurzel (ca. 80 g)
60 g Selchspeck (Räucherspeck)
4 EL Olivenöl extra vergine
4 EL dick eingekochtes Tomatenpüree oder Tomatenmark (100 g)
1 TL brauner Rohrzucker
250 ml trockener Rotwein
350 ml Hühnerfond
1 Zweig Rosmarin
Salz
frisch gemahlener Pfeffer
400 g Strozzapreti
120 g Herbsttrompeten
etwas Walnuss- oder Erdnussöl
100 g frisch geriebener Bergkäse

Zubereitungszeit: ca. 90 Minuten

1 Die Entenbrustfilets in kleine Würfel schneiden.

2 Die Wacholderbeeren im Mörser zerdrücken und mit den geschroteten Pfefferkörnern mischen. Diese Gewürzmischung über die Fleischwürfel geben, gründlich vermengen und 30 Minuten ziehen lassen.

3 Die Zwiebel, die Karotte und die Petersilienwurzel schälen und in kleine Würfel schneiden.

4 Den Selchspeck ebenfalls in kleine Würfel schneiden.

5 Das Olivenöl in einem Topf erhitzen und das gewürzte Entenfleisch darin von allen Seiten 4 bis 6 Minuten anbraten, dann aus dem Topf nehmen und warm stellen.

6 Die Speckwürfel in dem Bratensatz anbraten, dann die Zwiebel-, Karotten- und Petersilienwurzelwürfel hinzufügen und kurz mitrösten. Das Tomatenmark und den Zucker hineinrühren, dann mit dem Rotwein ablöschen.

7 Das Röstgemüse mit dem Hühnerfond auffüllen, den Rosmarin hinzufügen, die Suppe leicht salzen und bei mittlerer Temperatur 40 bis 45 Minuten zu einem sämigen Sugo einköcheln. (Das Fleisch muss weich sein.)

8 Die Strozzapreti in reichlich Salzwasser al dente kochen, dann abschütten, mit dem Enten-Sugo vermengen und einige Minuten ziehen lassen.

9 Die Herbsttrompeten putzen. Das Walnussöl in einer beschichteten Pfanne erhitzen und die Herbsttrompeten darin scharf anbraten, dann salzen und pfeffern.

10 Die Strozzapreti in 4 Pastatellern anrichten, die Pilze darübergeben und mit dem Bergkäse bestreuen.

T120 ZIMTWACHTELN MIT TOMATENPILAW

Zutaten für 4 Personen

1 EL Korianderkörner
8 küchenfertige Wachteln (à ca. 150 g)
Saft von 1 Zitrone
Salz
frisch gemahlener Pfeffer
2 Zwiebeln
4 EL Olivenöl extra vergine
500 g passierte Tomaten aus der Dose (oder Tomaten »Passata« siehe Rezept Seite 48)
1 Zimtstange
250 g Langkorn- oder Basmatireis
700 ml Hühnersuppe
60 g Butterflocken
4 EL gehacktes Koriandergrün
einige Cocktailtomaten

Zubereitungszeit: ca. 90 Minuten

1 Die Korianderkörner im Mörser zerstoßen.

2 Die Wachteln mit dem Zitronensaft beträufeln, dann mit den zerstoßenen Korianderkörnern einreiben und mit Salz und Pfeffer bestreuen.

3 Die Zwiebeln schälen und in kleine Würfel schneiden.

4 Das Olivenöl in einer großen Kasserolle erhitzen und die Zwiebelwürfel darin 2 bis 3 Minuten glasig schwitzen, dann mit den passierten Tomaten auffüllen, die Zimtstange hinzufügen und aufkochen.

5 Die Wachteln in die Tomaten-Zimt-Sauce setzen und in der zugedeckten Kasserolle im auf 160°C vorgeheizten Backofen etwa 25 Minuten schmoren. Die Wachteln dann aus der Sauce nehmen, einzeln in Alufolie wickeln, beiseitestellen.

6 Den ungekochten Reis in die Tomaten-Zimt-Sauce geben und mit dem heißen Hühnerfond auffüllen, leicht salzen und auf dem Herd bei geringer Temperatur etwa 25 Minuten köcheln lassen.

7 Die Wachteln aus der Folie nehmen, auf das Reisbett in der Kasserolle setzen und die Butterflocken darüberstreuen. Die Kasserolle wieder schließen und alles bei 120°C im Backofen 15 bis 20 Minuten fertig garen.

8 Den garen Pilaw mit einer Gabel auflockern, das Koriandergrün unterheben, nochmals mit Salz abschmecken und den Pilaw in 4 tiefen Tellern anrichten. Je 2 Wachteln daraufsetzen, mit einigen kurz angebratenen Cocktailtomaten garnieren und servieren.

T121 CALZONE MIT GETROCKNETEN TOMATEN UND FENCHELSALAMI

Zutaten für 4 Personen

Für den Teig

350 g griffiges Weizenmehl (Type 405)

1 Päckchen Trockenhefe

½ EL Salz

Für die Füllung

1 Fenchelknolle (ca. 150 g)

80 g in Öl eingelegte, getrocknete Tomaten, gut abgetropft

200 g eingelegte gegrillte Paprikaschoten, gut abgetropft

2 EL Olivenöl

2 Knoblauchzehen, fein gehackt

30 g Kapern

Salz

frisch gemahlener Pfeffer

250 g Bel Paese (italienischer Butterkäse)

etwas getrockneter Oregano

120 g Fenchelsalami, dünn aufgeschnitten

Zubereitungszeit: ca. 40 Minuten plus 3 Stunden Gehzeit

1 Für den Teig das Mehl mit der Hefe und dem Salz in eine Rührschüssel geben und gut vermengen, dann etwa 250 ml Wasser zugeben und mit den Händen zu einem glatten Teig verkneten. Den Teig zudecken und bei Zimmertemperatur etwa 2 Stunden gehen lassen. Den Teig nach der Ruhezeit nochmals gut durchkneten und mindestens 1 weitere Stunde gehen lassen.

2 Die Fenchelknollen putzen, halbieren und in feine Streifen schneiden.

3 Die eingelegten Tomaten und die Paprika in etwa 1 cm breite Streifen schneiden.

4 Das Olivenöl in einem Topf erhitzen und den Knoblauch darin anrösten. Die Fenchelstreifen hinzufügen, leicht salzen und weich dünsten. Dann die Tomaten, die Paprika und die Kapern hinzufügen und kurz mitdünsten, salzen und pfeffern. Den Topf vom Herd nehmen, bedecken und beiseitestellen.

5 Den Teig in 4 gleich große Stücke teilen und auf einer bemehlten Arbeitsfläche zu etwa 0,5 cm dicken Kreisen ausrollen.

6 Die Füllung auf die 4 Teigkreise verteilen, dabei einen ca. 3 cm breiten Rand frei lassen.

7 Den Bel Paese zerbröseln und auf die Füllung geben. Alles mit Oregano bestreuen und mit den Salamischeiben belegen.

8 Die freien Teigränder mit Wasser bestreichen, die Teigkreise zu Taschen zusammenklappen und die Ränder fest zusammendrücken. Den Teig mit einer Gabel mehrmals einstechen.

9 Die 4 Calzones auf ein mit Backpapier belegtes Backblech legen und im auf 230°C vorgeheizten Backofen (Ober-/ Unterhitze) ca. 20 Minuten knusprig backen. Die fertigen Calzones sofort heiß servieren.

T122 OSSO BUCO MIT DATTELN UND MARILLEN

Zutaten für 4 Personen

200 g Schalotten

150 g Staudensellerie

1 große Karotte

30 g getrocknete Marillen (Aprikosen)

30 g getrocknete Datteln

4 Scheiben von der Kalbshaxe (à ca. 300 g)

Salz

frisch gemahlener Pfeffer

Weizenmehl zum Wenden

| 125 ml Olivenöl extra vergine |
| 200 ml trockener Wermut |
| 1 Dose Schältomaten (400 g) oder 400 g Tomaten »Passata« (siehe Rezept Seite 48) |
| 500 ml Kalbsfond oder Rindssuppe |
| 2 Briefchen Safran |
| 2 getrocknete Chilischoten |
| 5 schwarze Pfefferkörner |
| 1 frisches Lorbeerblatt |
| etwas Meersalz |

Zubereitungszeit: ca. 2 Stunden

1 Die Schalotten schälen, dabei größere Schalotten halbieren. Den Staudensellerie putzen und in 1 cm große Stücke schneiden. Die Karotte putzen und in ½ cm breite Scheiben schneiden. Die Marillen und Datteln grob hacken.

2 Die Ränder der Kalbshaxenscheiben mehrmals einschneiden, damit sie beim Braten flach bleiben. Das Fleisch kräftig salzen und pfeffern und auf einer Seite mehlieren.

3 Das Olivenöl in einem großen Bräter erhitzen, die Kalbshaxenscheiben mit der mehlierten Seite nach unten hineinlegen und kräftig anbraten, dann wenden und auf der anderen Seite ebenfalls kräftig anbraten. Die Kalbshaxenscheiben aus dem Bräter nehmen.

4 Das grob geschnittene Gemüse (Schalotten, Staudensellerie, Karotte) in dem Bratensatz 6 bis 7 Minuten kräftig anrösten, dann mit dem Wermut ablöschen. Die Tomaten zu dem Gemüse geben und mit dem Kalbsfond bzw. der Rindssuppe auffüllen. Die gehackten Datteln und Marillen sowie den Safran, die Chilischoten, die Pfefferkörner und das Lorbeerblatt hinzufügen und aufkochen.

5 Die Kalbshaxenscheiben in die Sauce legen, den Bräter abdecken und alles im auf 150°C vorgeheizten Backofen (Ober-/Unterhitze) etwa 80 Minuten schmoren.

6 Den Deckel vom Bräter nehmen und das Osso buco weitere 20 Minuten schmoren. Nach Ende der Garzeit das Osso buco im ausgeschalteten Backofen etwa 10 Minuten ruhen lassen.

7 Die Osso bucos auf 4 Teller geben, mit dem Gemüse anrichten und mit etwas Meersalz bestreuen.

T123 KALBSKARREE MIT SALBEI-THUNFISCH-FÜLLUNG UND TOMATENPOLENTA

Zutaten für 4 Personen

Für die Füllung

1 Dose (220 g) Thunfisch im eigenen Saft

2 EL gehackte Blattpetersilie

2 EL grob geschnittene Salbeiblätter

Salz

frisch gemahlener Pfeffer

Für das Kalbskarree

1,5 kg Kalbskarree (mit Knochen), 30 Minuten vor der Zubereitung aus dem Kühlschrank genommen

1 Zitrone, in dünne Scheiben geschnitten

Salz

frisch gemahlener Pfeffer

50 g Butterflocken

Für die Tomatenpolenta

100 g in Öl eingelegte, getrocknete Tomaten, gut abgetropft

400 ml Milch

400 ml Hühnerfond

Salz

200 g Instant-Polenta (Maisgrieß)

80 g frisch geriebener Parmesan

50 g Butter

2 EL gehackter Thymian

Zubereitungszeit: ca. 3 Stunden

1 Für die Füllung den Thunfisch mit seinem Saft in eine Schüssel geben, mit einer Gabel zerpflücken, dann mit den gehackten Kräutern vermengen, salzen und pfeffern.

2 Das Kalbskarree entlang des Knochens mit einem scharfen Messer etwa 6 cm tief einschneiden, leicht mit Salz und Pfeffer einreiben und die Zitronenscheiben in die Tasche legen. Die Thunfischfüllung in die Tasche streichen und das gefüllte Kalbskarree mit Küchengarn zusammenbinden.

3 Das gefüllte Kalbskarree auf ein Backblech legen, nochmals salzen und pfeffern, mit den Butterflocken belegen und im auf 160 °C vorgeheizten Backofen 2 bis 2½ Stunden braten. (Das Fleisch sollte dabei eine Kerntemperatur von 75 °C haben.) Das Fleisch während des Garens immer wieder mit dem Bratensaft überschöpfen.

4 Für die Polenta die Tomaten in feine Streifen schneiden.

5 Die Milch mit dem Hühnerfond in einem ofenfesten Topf aufkochen, dann salzen. Die Temperatur stark reduzieren und den Polentagrieß langsam unter ständigem Rühren hineinrieseln lassen. Die Polenta bei niedriger Temperatur 5 bis 6 Minuten köcheln lassen, dabei stetig umrühren.

6 Die Polenta vom Herd nehmen und die Tomatenstreifen, den Parmesan, die Butter und den Thymian hineinrühren. Den Topf mit einem Deckel abdecken.

7 Die Ofentemperatur auf 60°C reduzieren und die Polenta neben dem Kalbskarree etwa 15 Minuten ruhen lassen.

8 Das Fleisch aus dem Ofen nehmen, vom Küchengarn befreien und in Tranchen schneiden. Das Fleisch auf 4 Tellern mit der Tomatenpolenta und dem Bratensaft anrichten.

T124 CHÂTEAUBRIAND MIT GEWÜRZTRAMINER-TOMATEN-HOLLANDAISE

Zutaten für 4 Personen

Für das Châteaubriand

500 g Rinderfilet (gleichmäßig dickes Mittelstück)

Salz

frisch gemahlener Pfeffer

3 EL Olivenöl extra vergine

2 EL Sonnenblumenöl

50 g Butter

2 Zweige Rosmarin

3 Knoblauchzehen, geschält

Für die Hollandaise

150 g Butter

40 g in Öl eingelegte, getrocknete Tomaten, gut abgetropft

20 g entsteinte schwarze Oliven

3 Eigelb

1 TL scharfer Senf

1 TL Honig

150 ml Gewürztraminer

1 EL frisch gepresster Zitronensaft

Salz

frisch gemahlener Pfeffer

2 EL gehackter Zitronenthymian

T123 KALBSKARREE MIT
TOMATENPOLENTA

T124

Zubereitungszeit: ca. 90 Minuten

1   Das Rinderfilet mit Salz und Pfeffer bestreuen, mit dem Olivenöl einreiben, in eine Fettpfanne legen und im auf 80°C vorgeheizten Backofen etwa 1 Stunde auf eine Kerntemperatur von 58°C braten (Bratenthermometer).

2   Das Öl mit 50 g Butter in eine Pfanne geben, erwärmen und die Butter aufschäumen, dann den Rosmarin und die ganzen Knoblauchzehen hinzufügen. Das Fleisch aus dem Ofen nehmen und darin von allen Seiten scharf anbraten.

3   Die Ofentemperatur auf 60°C reduzieren und das Fleisch im Backofen mindestens 30 Minuten ruhen lassen.

4   Für die Hollandaise 150 g Butter klein würfeln, in einen kleinen Topf geben und bei niedriger Temperatur vorsichtig erwärmen, bis sich das Milcheiweiß am Topfboden abgesetzt hat. Die flüssige Butter kurz abkühlen lassen, dann durch ein Tuch passieren.

5   Die Tomaten und die Oliven fein hacken und beiseitestellen.

6   Die Eigelb mit dem Senf und dem Honig in eine kleine Schüssel geben und über dem warmen Wasserbad mithilfe eines großen Schneebesens 2 bis 3 Minuten gründlich aufschlagen. Den Gewürztraminer langsam in die Hollandaise rühren und schlagen, bis diese cremig wird.

7   Die geklärte Butter erneut erwärmen und langsam in die Hollandaise rühren. Dann die gehackten Tomaten und Oliven unterheben. Die Hollandaise mit dem Zitronensaft, Salz und Pfeffer abschmecken. Zum Schluss den Zitronenthymian in die Hollandaise rühren.

8   Das Fleisch in fingerdicke Tranchen schneiden und mit der Hollandaise servieren. Als Beilage passt Bohnengemüse.

T125 IN BAROLO UND BALSAMICO GESCHMORTES RINDSRAGOUT

Zutaten für 4 Personen

Für das Rindsragout

800 g Schulterscherzel (Rinderschulter)

500 ml Barolo

65 ml Aceto balsamico

1 Gewürznelke

5 Pimentkörner

1 Zwiebel

80 g Karotte

100 g Knollensellerie

80 g Lauch

100 g Champignons

10 g Selchspeck (Räucherspeck)

4 EL Olivenöl

1 EL dick eingekochtes Tomatenpüree oder Tomatenmark	
400 g Pelatitomaten (aus der Dose)	
2 Zweige Rosmarin	
50 g Butter	
2 EL Weizenmehl (Type 405)	
Salz	
frisch gemahlener Pfeffer	

Für die Tagliatelle

400 g Tagliatelle	
Salz	
50 g weiche Butter	
etwas gehackte Petersilie	

Zubereitungszeit: ca. 90-120 Minuten plus Marinierzeit

1. Das Schulterscherzel in Würfel von ca. 2 cm Kantenlänge schneiden. Die Fleischwürfel in eine große Schüssel geben und mit dem Barolo und dem Aceto balsamico übergießen. Die Gewürznelke und die Pimentkörner hinzufügen. Die Schüssel abdecken und das Fleisch über Nacht im Kühlschrank ziehen lassen.

2. Das Fleisch ca. 30 Minuten vor der Zubereitung aus dem Kühlschrank nehmen und durch ein Sieb schütten. Die Marinade auffangen und beiseitestellen.

3. Die Zwiebel, die Karotte und den Sellerie schälen und in kleine Würfel schneiden.

4. Den Lauch putzen und in feine Ringe schneiden.

5. Die Champignons putzen und grob hacken.

6. Den Speck in kleine Würfel schneiden.

7. Das Olivenöl in einem Bräter erhitzen und die Zwiebeln und den Speck darin kurz anrösten. Dann das restliche Gemüse und die Pilze hinzufügen und 3 bis 4 Minuten mitrösten.

8. Das Tomatenmark hineinrühren, kurz mitrösten, dann alles mit der Marinade ablöschen.

9. Die Tomaten, die Fleischwürfel und den Rosmarin hinzufügen und aufkochen. Den Topf abdecken. Das Ragout im auf 150 °C vorgeheizten Backofen 80 Minuten weich schmoren.

10. Die weiche Butter mit dem Mehl verkneten. Das Ragout aus dem Ofen nehmen und die Mehlbutter in das Ragout rühren. Das Ragout auf dem Herd 2 bis 3 Minuten köcheln lassen, bis es sämig ist. Dann mit Salz und Pfeffer abschmecken.

11. Die Tagliatelle in reichlich Salzwasser al dente kochen, abschütten, mit der weichen Butter vermengen und mit dem Ragout in 4 tiefen Tellern anrichten. Mit etwas gehackter Petersilie bestreuen und servieren.

T126 MARINIERTER KRUSTEN-SCHWEINEBRATEN MIT KARTOFFEL-TOMATEN-GRATIN

Zutaten für 4 Personen

Für den Schweinebraten

1 kg Schweineschulter (mit Schwarte, ohne Knochen)

3 Knoblauchzehen

4 Zweige Rosmarin

4 Blätter Salbei

1 TL fein geriebene Zitronenschale (Bioware)

125 ml trockener Weißwein

1 TL edelsüßes Paprikapulver

1 TL Kümmelpulver

4 EL Olivenöl extra vergine

Salz

frisch gemahlener Pfeffer

Für das Röstgemüse

1 Zwiebel (ca. 100 g)

1 Karotte

1 Knollensellerie

2 EL Olivenöl

125 ml trockener Weißwein

Für das Gratin

250 g in Öl eingelegte, getrocknete Tomaten, gut abgetropft

600 g mehlige Kartoffeln

100 g frischer Parmesan

200 ml Milch

1 Knoblauchzehe, geschält

200 ml Sahne

Salz

Pfeffer aus der Mühle

Butter für die Form

Zubereitungszeit: ca. 90 Minuten plus Marinierzeit

1 Die Schwarte der Schweineschulter mit einem scharfen Messer im Abstand von jeweils 1 cm rautenförmig einschneiden.

2 Den Knoblauch schälen und fein hacken.

3 Die Rosmarinnadeln und den Salbei fein hacken und in der Küchenmaschine mit dem Knoblauch, der fein geriebenen Zitronenschale, dem Weißwein, dem Paprikapulver, dem Kümmelpulver und dem Olivenöl

zu einer Kräuterpaste verarbeiten. Die Paste mit Salz und Pfeffer abschmecken.

4 Die Schweineschulter von allen Seiten mit dem Pesto bestreichen, zudecken und bei Zimmertemperatur zugedeckt etwa 1 Stunde ziehen lassen.

5 Für das Röstgemüse die Zwiebel, die Karotte und den Sellerie schälen und klein würfeln.

6 Das Olivenöl in einem Bräter erhitzen und die Gemüsewürfel darin 2 bis 3 Minuten anrösten, dann mit dem Weißwein ablöschen. Die marinierte Schweineschulter auf das Gemüsebett setzen und im auf 160°C vorgeheizten Backofen etwa 50 Minuten braten. Die Ofentemperatur dann auf 200°C erhöhen und die Schweineschulter etwa 20 Minuten weiterbraten, bis sie eine schöne Kruste hat.

7 Für das Kartoffel-Tomaten-Gratin die eingelegten Tomaten in feine Streifen schneiden.

8 Die Kartoffeln schälen, in dünne Scheiben schneiden und dachziegelartig in eine gebutterte Auflaufform schichten.

9 Die Tomatenstreifen und den geriebenen Parmesan über die Kartoffelscheiben geben.

10 Die Milch mit der ganzen Knoblauchzehe und der Sahne in einen kleinen Topf geben und aufkochen, dann kräftig mit Salz und Pfeffer würzen und die Mischung über die Kartoffelscheiben geben.

11 Das Gratin bei 160°C 10 Minuten vor Ende der ersten 50 Minuten Bratzeit der Schweineschulter mit in den Backofen geben. Das Gratin mit der Schweineschulter 10 Minuten bei 160°C und dann weitere 20 Minuten bei 200°C garen.

12 Den Backofen nach Ende der Garzeit ausschalten und den Krustenschweinebraten und das Kartoffel-Tomaten-Gratin weitere 10 Minuten darin ruhen lassen.

13 Den Krustenschweinebraten in Tranchen schneiden, mit dem Kartoffel-Tomaten-Gratin auf 4 Tellern anrichten und mit dem Bratensaft servieren.

T127 LAMMFILETS IN KARTOFFEL-TOMATEN-ROLLE

Zutaten für 4 Personen

Für das Lammfilet

4 Lammfilets (à 120 g)

Salz

frisch gemahlener Pfeffer

2 EL Olivenöl extra vergine

3 EL fein gehackte Blattpetersilie

2 EL fein gehackter Thymian

1 EL fein gehackter Rosmarin

1 Knoblauchzehe, geschält und gehackt

Für die Erdäpfel-Tomaten-Rösti

500 g mehlig kochende Erdäpfel (Kartoffeln)

50 g in Öl eingelegte, getrocknete Tomaten, gut abgetropft

80 g Bergkäse, geraspelt

Salz

frisch gemahlener Pfeffer

4 EL Sonnenblumenöl

Für die Sauce

250 ml Kalbsfond

125 ml trockener Rotwein

1 Prise Zucker

1 Zweig Rosmarin

50 g kalte Butterwürfel

Salz

frisch gemahlener Pfeffer

Zubereitungszeit: ca. 50 Minuten

1 Die Lammfilets salzen, pfeffern und mit dem Olivenöl bestreichen.

2 Die gehackten Kräuter mit dem Knoblauch vermengen, die Lammfilets darin wälzen und bis zum Weiterverarbeiten zugedeckt bei Zimmertemperatur ruhen lassen.

3 Für die Erdäpfel-Tomaten-Rösti die Erdäpfel schälen und grob raffeln.

4 Die eingelegten Tomaten fein hacken und mit den geraffelten Erdäpfeln und dem Bergkäse vermengen. Die Mischung salzen, pfeffern und in 4 gleich große Portionen teilen.

5 Eine beschichtete Pfanne erhitzen, dann 1 EL Sonnenblumenöl darin verteilen und die Temperatur reduzieren. Die erste Portion der Erdäpfel-Tomaten-Mischung in die Pfanne geben, mit einem Pfannenwender flach drücken und von einer Seite 5 bis 6 Minuten knusprig braten. Den Röstitaler auf ein Stück Backpapier gleiten lassen. Auf diese Weise drei weitere Röstitaler backen.

6 Auf die ungebratene Seite jedes Röstitalers 1 Lammfilet legen und den Taler vorsichtig einrollen. Die Rollen auf ein mit Backpapier bedecktes Backblech legen und im auf 200 °C vorgeheizten Backofen etwa 10 Minuten fertig braten. Das Backblech nach der Bratzeit aus dem Ofen nehmen und die Lammfilets noch 5 Minuten ruhen lassen.

7 Für die Sauce den Kalbsfond mit dem Rotwein, dem Zucker und dem Rosmarin in einen kleinen Topf geben und um die Hälfte reduzieren. Dann den Topf vom Herd nehmen und den Rosmarinzweig entfernen. Die kalten Butterstücke unter ständigem Rühren mit einem kleinen Schneebesen

nach und nach in die Sauce rühren. (Achtung: Die Sauce nun nicht mehr aufkochen.) Die fertig montierte Sauce mit Salz und Pfeffer abschmecken.

8   Die fertigen Lammfilets in etwa 2 cm dicke Tranchen schneiden und auf 4 vorgewärmten Tellern mit der Sauce anrichten.

T128 ZWIEBELBUCHTELN MIT BLUTWURST-TOMATEN-FÜLLUNG

Zutaten für 4 Personen

Für den Buchtelteig

400 g glattes Weizenmehl (Type 550)

40 g Kristallzucker

1 TL Salz

2 EL getrocknete Röstzwiebeln

40 g frische Hefe

1 TL flüssiger Honig

80 g flüssige Butter

150 ml Milch

2 Eigelb

Für die Füllung

150 g in Öl eingelegte, getrocknete Tomaten, gut abgetropft

3 Knoblauchzehen

½ EL getrockneter Thymian

2 EL fein gehackte Blattpetersilie

2 EL dunkle Crema di Balsamico

½ TL fein geriebene Orangenschale (Bioware)

1 EL Olivenöl extra vergine

Salz

frisch gemahlener Pfeffer

400 g Blutwurst

200 g Butter

Zubereitungszeit: ca. 90 Minuten

1   Für den Teig das Mehl mit dem Zucker und dem Salz in eine Schüssel sieben und mit den Röstzwiebeln vermengen.

2   Die Hefe mit dem flüssigen Honig glatt rühren.

3   Die Butter zerlassen, mit der lauwarmen Milch vermischen, dann die Hefe-Honig-Mischung und die Eigelb hinzufügen und die Mischung mit dem Mehlgemisch vermengen. Alles in der Küchenmaschine (Knethaken) 7 bis 8 Minuten zu einem glatten Teig verarbeiten. Den Teig mit einem Küchentuch abdecken und 30 Minuten gehen lassen.

4   Für die Füllung die eingelegten Tomaten grob hacken.

5 Den Knoblauch schälen und fein hacken, dann mit dem Thymian und der Petersilie zu den Tomaten geben und gut vermengen. Die Crema di Balsamico, den Orangenabrieb und das Olivenöl hinzufügen, dann mit Salz und Pfeffer abschmecken und 15 Minuten ziehen lassen.

6 Die Blutwurst in kleine Würfel schneiden und unter die Tomatenfüllung heben.

7 Den Teig auf einer bemehlten Arbeitsfläche durchkneten und mit etwas Mehl zu einer etwa 1 cm dicken Platte rollen. Die Teigplatte in Quadrate von 6–7 cm schneiden.

8 Die Butter in einem kleinen Topf zerlassen.

9 In die Mitte jedes Teigquadrats 1 EL der Tomaten-Blutwurst-Füllung geben. Die 4 Ecken jedes Teigquadrats hochklappen und fest verschließen, sodass kleine Kugeln entstehen.

10 Die Teigkugeln (Buchteln) vollständig in die flüssige Butter tauchen, dann nebeneinander mit der Nahtstelle nach unten in eine Auflaufform oder Fettpfanne (18 × 25 cm) legen.

11 Die Oberflächen der Buchteln nochmals mit flüssiger Butter bestreichen, die Buchteln weitere 10 Minuten gehen lassen, dann 45 Minuten im auf 170 °C vorgeheizten Backofen backen.

12 Die fertigen Buchteln aus dem Ofen nehmen, etwa 5 Minuten ruhen lassen, dann servieren.

Dazu passt ein Rucola- oder Nussblattsalat (Salatrauke).
Sie können die Buchtelmasse auch mit eingelegten Kirschtomaten
(siehe Rezept Seite 30) zubereiten.

T129 KATER-KILLER

Zutaten für 4 Drinks

1 Bund Dill
1 Sardellenfilet
1 TL Fenchelsamen
1 l Tomatensaft
1 Msp. fein geriebene Zitronenschale (Bioware)
1 TL Honig
4–5 Eiswürfel
Salz
frisch gemahlener Pfeffer
1 Stange Staudensellerie

Zubereitungszeit: ca. 5 Minuten

1 Den Dill von den Stielen befreien und fein hacken.

2 Das Sardellenfilet mit einer Gabel zerdrücken.

3 Die Fenchelsamen im Blitzhacker fein hacken oder im Mörser fein zerstoßen.

4 Den Tomatensaft mit dem gehackten Dill, dem zerdrückten Sardellenfilet, den zerstoßenen Fenchelsamen, der geriebenen Zitronenschale, dem Honig und den Eiswürfeln im Küchenmixer (hoher Mixbecher) gut durchmixen.

5 Den fertigen Drink mit Salz und Pfeffer abschmecken, in 4 hohe Gläser füllen, mit einigen Staudenselleriestücken garnieren und sofort servieren.

T130 VIRGIN MARY

Zutaten für 4 Drinks

½ Zitrone

2 EL Meersalz

1 l Tomatensaft, gut gekühlt

40 ml frisch gepresster Zitronensaft

1 EL Worcestersauce

etwas Tabascosauce

einige Gurkenscheiben

Zubereitungszeit: ca. 5 Minuten

1 Die Ränder von 4 Cocktailgläsern in der halben Zitrone befeuchten und anschließend in das auf einem Unterteller verteilte Meersalz tauchen.

2 Den Tomatensaft gut mit dem Zitronensaft und der Worcestersauce verrühren.

3 Die Virgin Mary mit Tabasco und Meersalz abschmecken, vorsichtig in die vorbereiteten Gläser füllen und mit Gurkenscheiben garnieren.

T131 TOMATEN-JOGHURT-LASSI MIT KORIANDERPASTE

Zutaten für 4 Drinks

Für die Korianderpaste

1 Handvoll Koriandergrün

1 kleine Chilischote

1 TL Kreuzkümmelsamen

Für das Lassi

300 ml Naturjoghurt, gut gekühlt

5 EL fein passierte Tomaten

200 ml Mineralwasser, gut gekühlt

1 EL Honig

Zubereitungszeit: ca. 5 Minuten

1 Für die Korianderpaste das Koriandergrün und die Chilischote (mit Kernen und Scheidewänden) grob hacken, dann mit dem Kreuzkümmel und 1-2 EL heißem Wasser im Mörser zu einer groben Paste verarbeiten.

2 Für das Lassi den Joghurt, die passierten Tomaten, das Mineralwasser und den Honig mit der Korianderpaste in einen hohen Rührbecher geben und in der Küchenmaschine gut durchmixen.

3 Das Lassi in 4 Gläser geben und sofort servieren.

Geben Sie zusätzlich 1 EL geröstete Sesamsaat zu der Korianderpaste - dann schmeckt sie noch exotischer. Sie können das Lassi nach Belieben mit Salz abschmecken.

REGISTER

DANK DER FOTOGRAFIN

Tausend Dank an Eveline Bach von der Gärtnerei Bach
für die herrliche Paradeiservielfalt, mit der sie uns beliefert hat: www.
gaertnerei-bach.at // Firma Lobmeyr für die Ausstattung mit Geschirr
von Dibbern, Schalen von Martina Zwölfer und Gläsern von Lobmeyr:
www.lobmeyr.at // Scandinavian Design House für Geschirr und Möbel:
www.scandinavian-design-house.at // »Das Möbel« für das runde Regal
»Flexi Tube« von Doris Kisskalt und den roten Tisch »Tuxedo« von
copa: www.dasmoebel.at // Möbel Corso für einen roten Beistelltisch:
www.moebelcorso.com // Helene Deisenhammer für die Beschaffung der
Keramikteller und Schalen von Rina Menardi: www.deisenhammer-styling.
com & www.rinamenardi.com

Fotografie: Luzia Ellert, Wien
Foodstyling und Rezepte: Gabriele Halper, Wien
Text: Elisabeth Ruckser, Wien
Redaktion der Rezepte: Irmgard Rumberger, Ramerberg
Lithografie: Lorenz & Zeller, Inning am Ammersee
Druck und Bindung: Printer Trento, Trento

Printed in Italy

ISBN 978-3-89910-575-9

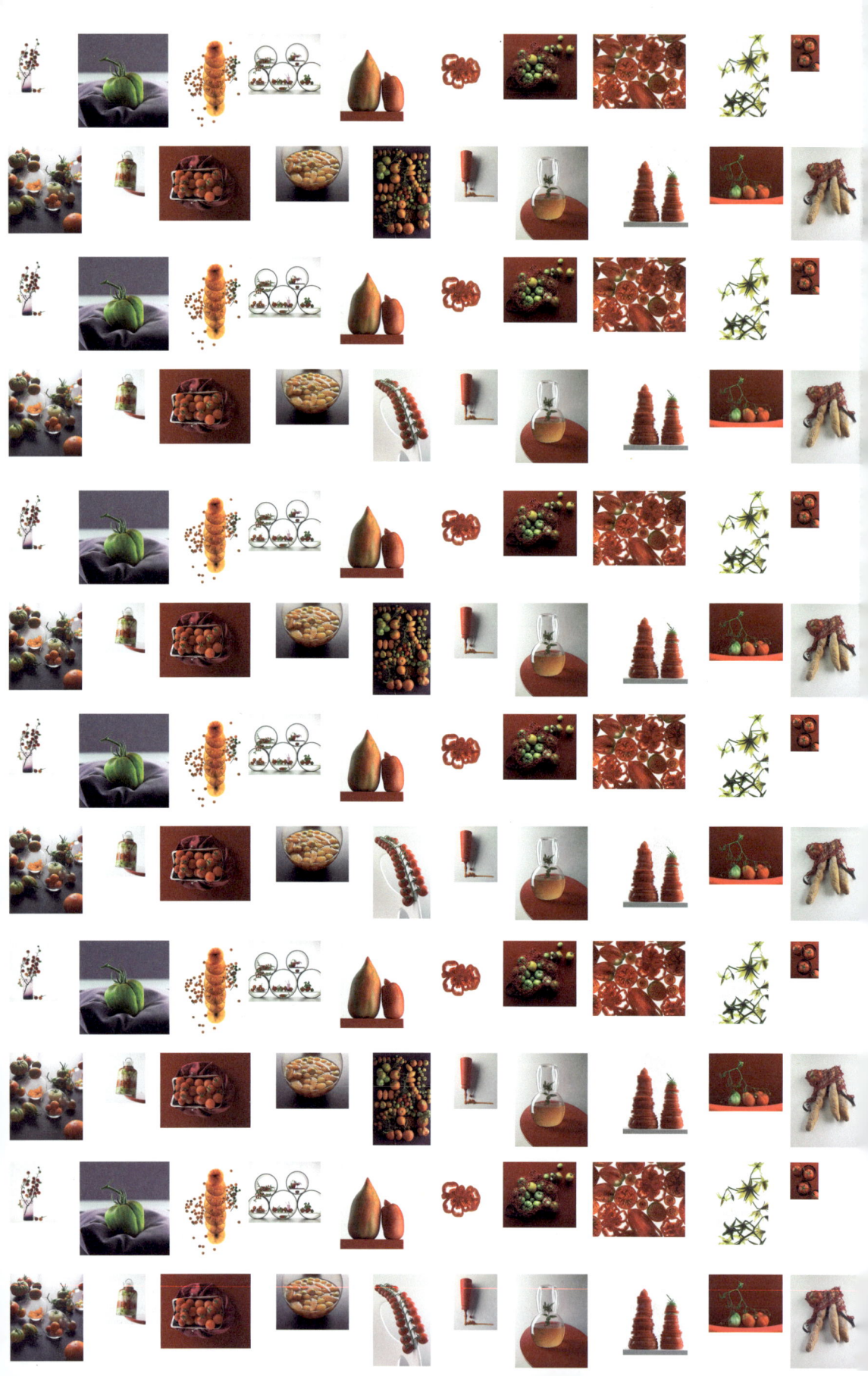